尹錫悦大統領の仮面

シンシアリー

SincereLEE

はじめに

お久しぶりです、または初めてお目にかかります。私はシンシアリーという筆名の者で、七十年代の韓国で生まれ育ちました。今は日本で作家生活をしながら、日本人になるための帰化手続きを進めています。

今まで、韓国の反日思想について本を書いてきましたが、最近ほど「日韓関係改善」という言葉を耳にするのは初めてです。そんなに「悪く」なっているのだろうか。まずはそこから疑問です。日本側が韓国側に要求しているのは「国家間の約束を守れ」ということだけなのに、それがなぜ「悪」化になるのか。むしろ、二十年前の日韓関係よりも、現状は改善された関係ではないのか、そんな気もします。

さらに、韓国で政権交代が行われ、法治を掲げる元検察総長の尹錫悦（ユンソンニョル）氏が大統領になったことで、この「関係改善」という言葉は、もはや「逆らうと悪い人にされる」ような、何かの道徳や善行のようになってしまい、反論することすら難しくなりました。

しかし、本当にこれでいいのでしょうか。必要なのは、評価すべき部分を評価し、評価できない部分は、それがどこの誰だろうと、どんな「雰囲気」であろうと、ちゃんと評価できないとビシッと言うのが、本当の両国関係の「改善」になるのではないでしょうか。
　二〇〇八年、李明博大統領の時にも、似たような雰囲気がありました。左派（リベラル）政権とされる盧武鉉政権が終わり、また保守政権に戻ったこともあり、「関係改善」がずいぶん話題になりました。しかし、支持率が落ちたとたん、李大統領は反日に舵を切り、竹島に上陸。天皇陛下にひざまずいて謝れと極めて無礼な発言をするなど、暴走し、そのまま政権が終わり、今は刑務所の中です。

　政権が変わるということは国家政策が変わるということなのか、関係改善を語る前に、考えてみる必要があるでしょう。本書は、そういう観点から、文在寅政権の末期と、尹錫悦政権の初期を記録したものです。

　全体は二部構成で、第一部は二〇二一年五月に行われた米韓首脳会談から、二〇二二年三月に尹政権がスタートするまでのことを、時系列順でまとめた内容となります。続く第二部は、二〇二二年三月から始まった尹政権の対日・対米・対中・対北朝鮮の政策を、自分なりに考察した内容です。読者の皆様が、第一部と第二部をつなげて読まれることで、「ああ、まだ関係改善を語る段階ではないな」と改めて感じられるきっかけになれば、作者冥利に尽きます。これから、ぜひ最後のページまで御伴できますように、切に願います。

目次

第三章　尹錫悦大統領の誕生

第六章　北朝鮮問題を政治利用する韓国

第七章　クアッド加入とTHAADの追加配備は絶対に無理

第八章　日米韓軍事協力という幻想

第九章　GSOMIAで日本にできることは何もない

第一章　文在寅政権下でも開催されなかった日韓首脳会談

日韓関係を時系列で振り返る

本書は、「表向きに多少の雰囲気の変化はあるにせよ、大統領が変わっても『国』のやることはそう変わらない」という観点から執筆しています。まずはその点を確実にするために、そして文在寅（ムンジェイン）政権から尹錫悦（ユンソンニョル）政権へと変わる時に、日韓関係がどんな状況だったのかを振り返るため、二〇二一年五月から二〇二二年三月の尹氏が大統領に当選するまでのことを、時系列順で並べてみました。読者の方々が、これら十ヶ月間のことを読まれて、「ああ、確かに、『根本』は今の尹政権と何も変わってないな」と感じてもらえれば、幸いです。

余談ですが、「ユン・ソンニョル」は韓国語表記が「ユン・ソク・ヨル」で、その韓国語読みのカタカナ表記は、「ユン・ソギョル」「ユン・ソクヨル」「ユン・ソンヨル」でも十分成立します。個人的には表記のままの「ユン・ソクヨル」、またはもっとも韓国語発音に近い「ユン・ソギョル（ソク-ョル）」のほうがいいと思いますが、外務省ホームページなどでは「ユン・ソンニョル」となっているので、本書でも合わせる形で表記しました。

本書で取り上げる最初の時期を二〇二一年五月からにしたのは、「日米韓関係」を重要視しているためです。日韓関係においても、米韓関係においても、日米韓三ヶ国協力というフレーズを、別にして考えることはできません。そのためには、やはり米韓首脳会談で議題になった、またはならなかった案件を振り返る必要があるでしょう。二〇二一年五月、ジョー・バイデン大統領と文在寅大統領が米韓首脳会談を行いました。ちなみに、尹錫悦氏が公式に大統領選出馬を宣言したのが二〇二一年六月で、岸田文雄氏が自民党総裁に選出されたのが九月、韓国大統領選挙が二〇二二年三月、大統領就任が五月です。

時系列順に並べた事案の中には、本書のテーマである日韓関係とは直接的に関係が無いものもありますが、それらは簡略に並べるだけにして、二〇二二年の現在と関連した事案については、私見と当時の韓国メディアの記事なども一緒にご紹介します。

【二〇二一年五月二十一日】韓国メディアが注目したクアッドとK防疫

最初から少し長くなりますが、米韓首脳会談関連についてです。ホワイトハウスで、ジョー・バイデン米国大統領と文在寅韓国大統領の米韓首脳会談が開催されました。内容は、さほど具体的な案件が動いたわけではありませんが、共同声明で「台湾海峡の平和と安定の重要性」について言及したことは、評価できると思います。

この首脳会談の前、韓国の各メディアは二つの点に注目していました。まず、韓国がクアッドに加入できるのか。クアッド（QUAD）とは、日本、米国、インド、オーストラリアによる戦略同盟のことで、韓国はこのクアッドに入っていないことに、ある種の不安を抱いていました。

政府公式ではないものの、民間の学者たちの間では、「クアッドはアチソンラインのようなものではないのか」という話も出ていました。アチソンラインとは、米軍が保護する範囲を決めるラインのことで、一九五〇年、韓国がこのアチソンラインから除外されたことが、朝鮮戦争の一つの原因だとされています。クアッドに加入できないでいるのは、米国との関係そのものから外されつつあるのではないか、というのです。

文政権は南北関係について、『朝鮮半島平和ムード』たる宥和政策にこだわっており、中国に対しても低姿勢な外交を続けていました。これらの点について、米韓同盟に亀裂が入るのではないかとの懸念が、保守陣営からはもちろん、中道陣営からも提起されていました。いわば、「韓国は米国の味方です」というような、すなわち米国側のチームの一員であることを示すため、クアッド加入という「形」が必要でした。親北・親中路線を続けておいて、よくもそんなことが言えるな、といったところですが。

もう一つは、どちらかというと外交というより「国民の関心事」ですが、米国からワクチン提供を受けることができるかどうか、です。

この頃、韓国が「国家の地位」とまで誇っていた新型コロナウイルス防疫体系、いわゆる「K防疫」はピンチを迎えていました。ワクチンが足りなかったからです。当時、韓国は、新型コロナウイルスのワクチン確保に失敗し、各メディアから「ワクチン大乱」と呼ばれていました。二〇二一年の秋あたりから状況は好転されるものの、八月にはOECD（経済協力開発機構）加盟国の中でワクチン接種率が最下位まで落ちたこともあります。

当時の文政権にとって何より勝る業績であるK防疫もまた、国民からの支持を失いつつありました。特にK防疫には、「日本より韓国が優秀だ」という象徴性があったため、各種データで日本に後れを取るようになったK防疫に、国民ががっかりしていたからです。

当時の文政権はK防疫を政治、支持率維持に利用していたため、雰囲気を好転させるためにも、ワクチンが必要でした。特に、菅義偉（すがよしひで）前総理が首脳会談のために米国を訪問した際、ワクチンメーカー「ファイザー」のCEOと直接通話し、五千万回分のワクチンを確保したこともあり、文大統領としては『負けられない』戦いでもありました。

結果としては、クアッド加入は失敗しました。米韓首脳会談の直前、米国のインド太平洋調整官カート・キャンベル氏が「クアッド加入国の拡大は考えていない。拡大するなら名前から変えないとならないだろう」と宣言し、日本の茂木敏充（もてぎとしみつ）外相（当時）もまた「クアッド参加国の拡大は無い」と発言し、首脳会談が始まる前から結果はすでに出ていました。

ワクチンの確保については、一応の確保はできたものの、韓国軍関係者（在韓米軍の感染を防ぐためという名分で）だけで、百万人分という結果になり、韓国民が望んでいたものとは違う形で終わりました。

それでも韓国政府、及び、会談直前まで「一千万人分の確保はできて当然だ」などのような記事を出していたメディアは、急に手のひらを返し、「クアッド加入はゆっくりやればいい」「日本が邪魔をした」「同盟国からの配慮で百万人分のワクチンをもらった、素晴らしい成果」などの記事を連発しました。

二〇二二年の米韓首脳会談で、同じくクアッドに加入できなかった尹錫悦政権でも、ほぼ同じ現象が起きます。二〇二二年にはワクチンの話はありませんでしたが、通貨スワップに関する話が盛り上がりました。

しかしこの時も結局、スワップ締結はありませんでした。それからしばらくはなぜか各メディアも、一部の経済関連メディア以外は、通貨スワップを記事にしなくなりました。こういう政府及びメディアの反応は、二〇二一年の米韓首脳会談とそっくりでした。この「そっくり」さについては、第六章で、もう少し詳しく述べます。

【二〇二一年五月二十七日】東京オリンピックボイコット発言

朴智元（パクチウォン）韓国国家情報院長が訪日し、菅総理に「新しい日韓共同宣言をしないか」と提案したと報じられました。この時から、文政権は日本に対して「関係改善」を呼びかけてきました。どうして文政権が急に「日本好き」になったのかについては、韓国内でも「呆（あき）れた」という論調の記事が結構出ていました。

「米国側から、日韓関係改善を強く圧迫された」「米国の対北政策に韓国の意見を反映させるかわりに、日本との関係改善を約束した」などの話もありますし、「文政権の最大の国政課題であった南北関係の改善のためには日本の力が必要不可欠だと分かったからだ」という話もあります。

東京オリンピックで「日米韓朝」会談を開催、一気に『朝鮮半島平和ムード』を盛り上げるためだという話もありましたが、新型コロナウイルスの蔓延、および北朝鮮の不参加などが報じられてからも、文政権の関係改善アピールは止まりませんでした。

ですが、この時期、日本のオリンピックでの、聖火リレーの地図に、竹島（と思われる小さな点）が描かれていることで、韓国では大きな反日気流が醸成されました。いつもは国内の反日を利用していた文大統領ですが、今回ばかりは笑えなかったかもしれません。

特に国務総理出身の丁世均（チョンセギュン）氏を中心に、東京オリンピックをボイコットすべきだという動きが拡散しました。結果、選手団（大韓体育会）が望まないなどの理由でボイコットにはならなかったものの、国会議員から各メディア、ネットの書き込みにいたるまで、「放射能オリンピック」などの悪質なデマで、日本のオリンピックを邪魔する流れになります。

当時の加藤勝信（かとうかつのぶ）官房長官は、「韓国のオリンピック参加は韓国側が判断すること」などと、落ち着いた対応を見せました。また、公式に確認された話ではありませんが、中央日報など一部のメディアの記事によると、韓国政府は地図の削除を公式に要求し、日本政府は公式にこれを拒否した、とも言われています。

【二〇二一年六月十二日・十三日】Ｇ７で先に歩み寄ったのは日韓どちらか

主要7ヶ国首脳会議（Ｇ７）に出席するため、英国コーンウォールを訪問した文在寅大統領（ゲスト参加）と菅義偉総理が、初めて挨拶を交わしました。この時、先ほど述べたオリンピック地図関連での反日の雰囲気が強かったこともあり、「文大統領が先に歩み寄って、簡単な会話になった」とする日本側の報道に、韓国側は強い不満をあらわにしました。崔鍾文（チェジョンムン）外交部第二次官（当時）がＭＢＣのラジオ番組に出演し、「先に歩み寄ったとか、日本メディアの報道は田舎くさい」と発言したりしました。

【二〇二一年六月十四日】先に歩み寄ったのは韓国だった

しかし、映像などを確認すると「先に歩み寄った」のは紛れのない事実です。そこをなんとかするためか、韓国側のメディアは一斉に「そのまま略式会談する約束だったので、文大統領が先に歩み寄ったのだ。菅総理が約束を一方的に破った」と報道しました。加藤官房長官は同日の記者会見で、略式会談に暫定合意して、日本側が一方的に破棄したという韓国メディアの報道は「そのような事実は全くない。事実に反するのみならず、一方的な発信は極めて遺憾であり、直ちに韓国側に抗議した」と話しました。

個人的に、この件は、菅総理が「文大統領と会ってもいいことはない」と思うきっかけになったのではないか、と見ています。韓国側は単に負けず嫌いで「好きで歩み寄ったのではなく、菅総理が予定されていた会談に応じなかったのだ」と無茶を言ったかもしれませんが、日本からすると、まさに寝耳に水です。このことが、結果的に文大統領の東京オリンピック開会式参席、および日韓首脳会談の霧散につながったのではないか、と思います。そして、この時に日本が韓国に対して感じた失望と怒りが、今の首脳会談開催問題でも残っているだろう、とも思います。

同日、ハンギョレ新聞は、この件についてこう報じています。

〈……（※韓国の）政府関係者が言う「事前に予定されていた韓日首脳間の出会い」とは、文在寅大統領が十三日午前にエマニュエル・マクロン仏大統領と会った時のような「非公式会談」を指す。文大統領と菅総理も、予告なしに会う「偶然の接触」ではなく、似たような形式の略式会談を行うよう、外交当局間で合意があったとの説明だ。実際、文大統領は十二日午後三時三十分の公式歓迎式から、午後四時からの一回目のセッションの間を利用して、菅総理に接近して、「会えて嬉しい」などと挨拶をした。事前の約束通りなら、それから自然な形で略式会談につながらなければならなかったが、菅総理が対話は後にしようという意を示し、接触は一分で終わってしまった……菅総理は、Ｇ７首脳会議のスケジュールを終えた後にも、日本のマスコミと会って、「（韓国が）国と国の間の約束を守らない状況である。（会談を開くような）環境ではない。韓国が（問題を解決するための）方向性を提示しなければならない。文大統領がリーダーシップを発揮して問題を明確に整理してほしい」と話した……〉

ですが、このシチュエーション、ＫＢＳの記事と合わせて読んでみると、不自然なところがあります。このＫＢＳの記事は十三日午後四時のもので、まだ「日本が合意を破った」という話が出てくる前のものです。その記事では、こうなっています。

〈……文大統領が金正淑（キムジョンスク）女史（※文大統領夫人）を紹介すると、菅総理も挨拶し、文大統領も菅総理の夫人である真理子（まりこ）夫人と挨拶しました。韓日首脳夫妻は一分程度出会い、菅

総理が去った後も、文大統領夫妻と真理子夫人は会話を続けました……〉

文大統領が菅総理に奥さんを紹介するのは、自然な形を演出するためのものだったと理解できます。でも、菅総理が、事前に合意されていた会談の約束を守らずそのまま去っていたなら、文大統領夫妻がその場に残って真理子夫人と会話を続けたでしょうか？　少なくとも文大統領は菅総理と同時にその場を去り、相応の不満を表出したはずです。

それに、もし日韓首脳が略式会談できるような状況だったなら、日米韓首脳会議が優先してセッティングされたことでしょう。にもかかわらず、日米韓首脳会談もありませんでした。そこもまた不自然です。

【二〇二一年六月二十九日】尹奉吉（ユンボンギル）記念館での尹錫悦氏の出馬宣言

検察総長出身で、文在寅大統領とは犬猿の仲だった尹錫悦氏が、尹奉吉記念館で大統領候補としての出馬宣言を行いました。

尹奉吉とは、一九三二年、上海の公園で開かれた天皇誕生日記念式に爆弾を投げつけ、民間人を含めた多数の死傷者を出した人物です。韓国では英雄となっており、大きな記念館もあります。韓国では、左派政権を強く批判する人は「親日派」とされる流れがあります。するとその人は、「私は親日ではない」とアピールするために、独立精神や臨時政府などを強調したりします。日韓の各懸案において、日本側のスタンスに部分的な同意を示した政治家たちは、誰もが似たようなパターンにハマります。尹氏も例外ではなかったのでしょう。ちなみに、尹氏は尹奉吉と何か特別な関係があるわけでもありません。単に「尊敬する人物」であるとのことです。

　余談ですが、同年八月十五日、尹錫悦氏はフェイスブックに「尹奉吉義士の影幀（えいてい）（葬式や祠堂などで使う写真または肖像画）に酒をささげたくてまいりました」と記しながら、「あとで私の墓に酒を注ぎにくるがいい」という尹奉吉の言葉を引用しました。ですが、その影幀は実は安重根（アンジュングン）のものでした。実際のところ、尹錫悦氏は尹奉吉になど興味が無かったのでしょう。同じ「尹」氏である独立運動家が必要だっただけかもしれません。また、尹氏が「グランドバーゲン」という言葉を使ったのも、この日からです。このグランドバーゲンについては、第二部で詳しく述べたいと思います。

【二〇二一年七月一日からしばらくの間】日韓首脳会談を期待する韓国メディア

東京オリンピック開会式をきっかけにした、文在寅大統領の訪日及び首脳会談が大きな話題になります。ほぼ間違いなく首脳会談ができると思っていたのに、日本側からはこれといった返事が無い、というのが主な内容です。放射能がどうとか独島（竹島）がどうとかとあれだけ騒いでおいて、どうすればこんなことが言えるのか、本当に不思議です。

先にも「どうしてこんなに日本との関係改善、日韓首脳会談にこだわるのか、さすがによく分からない」と書きましたが、ここでは五月十七日の毎日経済の記事を一つ紹介します。確証はありませんし、韓国政府側も否定していますが、個人的に、この記事は説得力があると思っています。

〈……政府が、ジョー・バイデン米政府に韓日関係改善の努力を約束する代わりに、シンガポール宣言継承など、韓国が希望する対北政策をかなりの部分反映させたことが、十七日に確認された。複数の外交筋によると、政府は昨年末、バイデン大統領が当選すると、大統領府国家安保室と外交部を中心に対米説得に乗り出した。核心は、前任のドナルド・

トランプ政権で行われた米朝シンガポール宣言、段階的非核化戦略などをバイデン政権が受け入れるようにすることだった。

一方、韓米日三ヶ国協力の復元を外交最優先に掲げたバイデン政権は、これに対する反対給付として「韓日関係の改善」を要求した。政府関係者は、「米国が望むのは同盟強化である。ここに集中してくれれば、対北政策では韓国の意思を最大限反映してくれるという立場だった」と明らかにした。ある外交筋も、「昨年末、米国務省が『韓日関係を改善すると、対北政策では韓国が望むものを含めてやる』と韓国政府に話したと聞いている」と述べた。最近、対北政策の検討を終えたバイデン政権が、シンガポール宣言継承を取り上げ、私たちの政府が積極的に韓日関係改善の意志を示すこと、それは二つの政府間の利害関係が一致した結果だという。実際、バイデン政権発足以来、韓国政府の対日政策は180度変わった……〉

もし、この話が本当なら、それは「文政権」が関係改善に努力するというものでしょうか。完全に私見ですが、違うでしょう。「韓国」が、努力するという話だったでしょう。

この米韓の、強いて言うなら『密約』のようなものが、尹政権にまで影響している、いわば文大統領の置き土産としてまだ残っている可能性も、十分にあります。

二〇二二年、尹大統領が見せている首脳会談への執着も、ただならぬものです。米国の反応も、尹政権になってからも韓国に対してクアッド加入を認めない、戦略資産（空母など）を日本までしか展開しない（どちらも後述します）など、根本的な接し方は変わっていません。ひょっとすると、バイデン氏は今でも「韓国」に同じことを要求しているのかもしれません。「約束を守れ。何かの成果を示せ」と。ちょっと考えすぎでしょうか？

ですが、文政権も尹政権も、首脳会談と「成果」というキーワードに執着していることを考えると、一応、辻褄は合う気もします。

【二〇二一年七月八日】韓国政府広報による「衰退する日本」

文化体育観光部（文体部）が、政府の公式広報に「衰退する日本」と書いた画像を掲載しました。朝日新聞などが、日本の対韓輸出管理厳格化を非難した記事などがソースで、日本は防疫に失敗し、政策も空振りだが、韓国の国力は先進国になった、とする内容です。

「衰退する日本、先進国格上げ大韓民国」「日本はコロナ防疫失敗と景気低迷で国力低下を続け」「韓国の国力は飛躍的に成長」「韓国の地位は途上国→先進国へ上昇」などなどです。

一部のメディアからは、外交欠礼ではないのか、事実かもしれないがこう露骨に書いてはならない、などの指摘がありました。この件は当時、私もブログで紹介しましたが、「あ、首脳会談を拒否されたんだな」と思いました。どうみてもそんなふうにしか見えなかったからです。

【二〇二一年七月十九日】霧散した文大統領の訪日

案の定、文大統領の訪日が霧散したと、公式発表がありました。首脳会談の議題調整などを考えると、先の妙な公式広報が上がったタイミングとほぼ一致します。

パク・スヒョン青瓦台（※韓国大統領府）国民疎通首席は同日のブリーフィングで、「文在寅大統領が東京オリンピックをきっかけにした訪日を、行わないと決定した」「双方間の協議は友好的な雰囲気の中で進行され、かなり理解が接近したものの、首脳会談の成果という面ではまだ不十分であり、その他の諸状況を総合的に考慮してこのように決定した」と明らかにしました。

他にも、与党及び韓国の一部のメディアも、「韓国は最後まで努力したのに、日本側が応じなかった」と、日本を非難しました。しかし、日本側は、菅総理自ら「訪日するなら、相応のオモテナシをする」と話すなど、訪日そのものを拒否したことはありません。

七月七日の東亜日報は、韓国大統領府が、「成果」が無いと訪日する意味がないというスタンスを示していたと報じています。「大統領府が、二十三日の東京オリンピック開会式に文在寅大統領が出席するかどうかについて、『韓日首脳会談とその成果が予想された場合、訪日問題を検討できる』と述べた。文大統領の訪日条件として、菅義偉日本首相との首脳会談を掲げたのだ………パク・スヒョン首席のこれらの発言は、文大統領の東京オリンピック開会式出席の可能性を開けておく単なるイベントではなく、首脳会談を通じて韓日葛藤を解くきっかけを作らなければならないという立場を重ねて強調し、日本政府を圧迫するためのものと見られる」、と。

しかし、これらの主張には、どんな事情があったにせよ（どうせ自業自得でしょうけど）、隣国の慶事を祝うために出席するという側面が完全に欠けています。しかも、安倍(あべ)晋三(しんぞう)総理（当時）は、二〇一八年の平昌(ピョンチャン)冬季オリンピックに出席しました。二〇二一年の文大統領の訪日は、その返礼という意味もありました。

当時、もし首脳会談ができなかった、または略式会談になったとしても、判断は日本側に任せて、単に開会式に参席して「おめでとう」と言ったなら、それだけでも文大統領の立場は結構楽になったはずです。

【二〇二一年八月十五日】光復節での文大統領の演説

韓国では光復節と呼ぶ八月十五日の演説で、文在寅大統領は次のように話しました。

〈……文在寅大統領が任期最後の光復節祝辞を通じて、日本に再び手を差し出した。「韓日両国が知恵を集めて困難を克服し隣国らしい協力の模範を示すことを期待する」と明らかにした。文大統領は特に「植民地支配の屈辱と差別、暴力と搾取を受けても、私たちの先祖は、解放（※終戦）後に日本人への復讐ではなく包容を選択した」とし、包容的な姿勢を強調した……（同日、韓国日報）〉

ありえないほど苦しめられたけど、特別に許してあげよう、とでも言うようです。韓国側はいつも日本に対して上から目線で話すことが多いですが、これは特に悪質なパターンだと言えるでしょう。しかも大統領演説で、です。これをブログで紹介しながら、「あ、首脳会談霧散の件、かなり悔しかったみたいだな」と思いました。また、こんな内容でも、韓国では「日本に手を差し伸べた」という流れになってしまうことは、覚えておいてください。この流れもまた、尹政権になってからも何も変わっていません。

【二〇二一年八月二十八日】原発処理水の海洋放出に遺憾の意を表明

ＩＡＥＡ（国際原子力機関）が、福島第一原発関連の報告書を発表しました。これには大きな問題は無く、前回（二〇一八年）より改善されたという内容です。東京オリンピック期間中に放射能関連でさんざん日本をバカにしていた韓国としては、不愉快な内容でした。

ＩＡＥＡの動きを意識してか、韓国では各自治体の福島関連糾弾決議案が相次ぎ、「ＩＡＥＡは日本の言いなり」などの記事が増えたりしました。特に九月二十一日には、ヨン・ホンテク科学技術情報通信部第一次官がオーストリアのウィーンで開かれた第65回Ｉ

ＡＥＡ定期総会の基調演説で、「日本政府が韓国と十分な協議なしに原発処理水の海洋放出を決定し、八月の具体的な計画を発表したことに深い遺憾を表明する」とし、日本政府に放流決定の再考を促しました。

しかし、その翌日の九月二十二日、米国が福島などの日本産食品の輸入制限を撤廃、韓国としてはさらに思わしくない展開になりました。ある意味、東京オリンピック期間中に韓国側が主張していた放射能リスクはすべて非科学的なものだったと、証明されたとも言えるでしょう。

【二〇二一年八月末～九月初旬】苦戦する尹錫悦氏

尹錫悦氏の支持率が思ったほど上がらず、同じ「国民の力」の大統領候補である洪準杓(ホンジュンピョ)氏が注目を浴びるようになります。結果的には尹氏が競選（大統領候補を決めるための党内選挙）で勝利し、大統領候補となりますが、この時期は、尹氏よりも洪氏のほうが支持率が高いという調査結果もあって、かなり話題になりました。

【二〇二二年九月十一日】慰安婦問題解決の訴えが支持率上昇に

尹氏が、元慰安婦（とされている）のイ・ヨンスさんに会って、「かならず日本の謝罪を引き出す」と宣言しました。これは支持率と関係が無いとは言えないでしょう。個人的に結構重要なニュースだと見ています。ここでは同日の毎日新聞（※日本の毎日新聞ではありません）から引用します。

〈……ユン・ソクヨル国民の力大統領候補が十一日、慰安婦（※原文では日本軍慰安婦）被害者イ・ヨンスさんに会って、「日本の謝罪を必ず引き出し、おばあさんの心の傷を治す」と約束した。ユン候補はこの日午後、大邱（テグ）市中区慰安婦記念館を訪れ、イさんと面談をして「国際司法裁判所に行って完全な判断を受け、慰安婦問題を解決してくれる人を探している。公約できるのか」とするイさんの質問に、このように答えた。ユン候補はこの日イさんに会って、「もっと早く訪れるべきだったが、ご健康のようでなにより」と挨拶した。……

……ユン候補は「おばあさんたちを助けるとしながら多くの団体が寄付も受けたり、政府の支援も受けたりしたけど、ちゃんと使わなかったことが、少し前に明らかになった。これからはそんなことがないように、公職者だった一人として申し訳なく思っている」と述べた。慰安婦問題を必ず解決してほしいというイさんの要請には、「必ず謝罪を引き出す」と指切りして約束した……〉

写真も何枚か見ましたが、まるで「臣下になると誓うシーン」のような気もしました。個人的に、どうしてこのことを気にするのかというと、内容的に「解決された」とする日韓合意（慰安婦合意）を完全に無視しているのもそうですが、「支持率が揺れると、急にスタンスを変える」ことがあまりにも露骨だったからです。

竹島に上陸した李明博（イミョンバク）元大統領をはじめ、保守派とされる政権でも、支持率が危うくなると、韓国の指導者はいつも反日に依存しました。尹政権は例外なのでしょうか。それとも……。

【二〇二一年九月十七日〜】大統領選のライバルが次々に脱落

この時から、韓国の有力大統領候補だったイ・ジェミョン氏が関わった大規模不正事件が次々と報じられます。一時は圧倒的だったイ候補の支持率は、この時から少しずつ低下し、尹錫悦氏が公式に大統領候補に選ばれ、もうひとりの大統領候補アン・チョルス氏が尹氏支持を宣言するなどの流れで、徐々に逆転されるようになります。

【二〇二一年九月二十九日】岸田文雄自民党総裁の誕生

岸田文雄氏が自民党総裁に選ばれます。このことについて、韓国でも各紙が大きく報道しています。「菅総理に比べて、外相出身の岸田総理は外交が上手だから、韓国を避けないだろう」「安倍元総理、菅義偉前総理に比べて『ハト派』だから、親韓なスタンスを示すはずだ」などなどです。韓国各紙も、すでに「いわゆる安倍路線」とは違い、岸田総理は韓国と対話及び首脳会談するに決まっている、という論調で記事を出しました。

ただ、少なくとも本書を書いている二〇二二年夏の時点では、それらの予想は何も当たっていません。

【二〇二一年十月初旬】初の日韓電話会談

どうして岸田総理と文在寅大統領が電話会談しないのか、という記事が各メディアから溢れます。岸田総理はハト派なのに、なぜ電話が来ないのか、というのです。

結論からいえば、この月の十五日に電話会談をしました。韓国側のほぼ全てのメディアで、「電話会談した！」と速報の嵐でしたが、発表された電話会談の内容は、「旧朝鮮半島出身労働者問題と慰安婦問題などで、韓国が適切な対応を」「首脳会談の予定は無い」ということだけで、韓国側としてはがっかりなモノでした。

【二〇二一年十月十二日～】日韓首脳会談が行われないのは、に続くよくある言い訳

このような状況で、韓国側の「言い訳」としてもっともよく出てくるのが、「岸田総理は、選挙を意識しているから」です。岸田氏はハト派で韓国側とすぐにでも首脳会談をしたがっているが、選挙を気にしてできないでいる、という主張です。

その前から似たような主張があるにはありましたが、日経新聞が二〇二一年年十月十二日に「衆議院総選挙を控えた状況であり、自民党の支持基盤である保守層が岸田首相に不安を感じる点が、文大統領との通話を遅らせる要因として挙げられる」として、そんな側面もあると報じただけです。

しかし、その翌日から韓国側では「そうだ、選挙のせいだ」とする記事が急激に増えました。「日経新聞によると〜」としながら。

余談ですが、この「選挙さえ終われば、岸田総理は韓国に親しくしてくれる」という妙な思い込みは、二〇二二年夏の今も続いています。日本で衆議院選挙が近くなると「衆議院選挙が近いから」、参議院選挙が近くなると「参議院選挙が近いから」、と言うのです。

これも後で詳しく述べますが、この二〇二一年十月には、他にも面白い現象がありました。日経新聞の記事には、「『韓国政府が解決策を提示せず、日韓関係の改善の兆しなど見えない』という日本政府の主張」も載っています。ですが、韓国側のほとんどのメディアの記事から、この内容が「後から」削除されました。

どうして、後から削除されたと分かるのか。それは簡単です。記事のリストなどがサムネイル表示される場合、記事本文を修正しても、サムネイル表示上の内容は変わらない時があります。

韓国のポータルサイトのNAVERニュース欄から、相応のキーワード、例えばこの場合では「徴用（旧朝鮮半島出身労働者問題）」で検索してみると、記事の題、新聞社、そして簡単な内容が表示されます。そのサムネ内容の中に、「日本経済新聞は、『韓国政府が解決策を提示せず、日韓関係の改善の兆しなど見えない』という日本政府の主張を共に伝えた」という内容が見えます。ですが、クリックしてその記事の中身を読んでみると、そんな内容はありません。

韓国側はニュース通信社（聯合ニュース、ニューシース、ニュース1など、独自で新聞を出さずに、記事だけ供給する会社）の影響力が大きいため、ほぼ同じ内容の文章が他の新聞社の記事に載っている場合も結構あります。ひょっとして、まだ削除していない記事が残ってないかな……と思って探してみたら、「ソウル新聞」の記事だけ、まだ削除される前でした。引用してみます。

〈……十二日の日本経済新聞によると、外務省と首相官邸は「早期に（電話会談を）実施する国のグループに韓国は含めないほうがいい」との認識を共にした。外務省などはこの日以降、文大統領と岸田首相が通話する日程で韓国政府と調整しているとも、同紙は述べている。日本経済新聞は、「韓国政府が徴用問題などの解決策を提示できず、日韓関係改善の糸口が見えない」という日本政府の主張を伝えた。さらに、衆議院総選挙を控えた状況であり、自民党の支持基盤である保守層が岸田首相に不安を感じる点が、文大統領との通話を遅らせる要因として挙げられるという……〉

そう、「選挙を意識した」よりも、むしろこの「韓国政府が何もしてないから問題だ」という主張のほうが、目立つ内容です。当然といえば当然でしょう。しかし、多くのメディアが、何かの理由で「後から」この部分を消しました。なぜでしょうか。「岸田総理は韓国と首脳会談したがっている。でも選挙があるから仕方ない」という雰囲気づくりの邪魔になるから、でしょうか。そうやって『自己満足』以外の何の得があるのかは分かりませんが。

第二章　混乱を極める文在寅政権

【二〇二一年十月十三日】日本と「価値を共有する国」ではない韓国

自民党が出した選挙公約集内の「価値を共有する国」には韓国が無く、台湾が入っていました。今思えば、当然のことかもしれません。

〈……日本の自民党が十月末の衆議院選挙を控えて、竹島（原文では「独島」）に対する領有権主張を繰り返し、価値を共有するパートナーから韓国を外す内容を盛り込んだ公約を発表した。十二日の共同通信などによると、自民党はこの日、外交・安全保障、経済安全保障、コロナ19対策、憲法改正など8つの領域を主軸とする公約と、これを具体的に説明した「政策バンク」を発表した。自民党は外交・安保分野の公約で「韓国の国際法違反状態、歴史認識などをめぐる理由のない非難など、我が国（日本）の主権と名誉、国民の生命・安全・財産に関する課題に冷静かつ毅然と対応する」と述べた。特に、直前の二〇一七年の総選挙の時と同様に、竹島が日本領土という主張を繰り返した。自民党は普遍的価値を共有するパートナーとして韓国に言及せず、オーストラリア、インド、欧州に加え、台湾を示した……（同日、ヘラルド経済）〉

余談ですが、ちょうどこの頃、台湾北部の港湾都市である基隆市のある建物が話題になりました（二十一日フィナンシャル・タイムズ）。岸田文雄首相の曽祖父である岸田幾太郎（一八六七〜一九〇八）さんが、百年以上前に事業を運営したところです。記事によると、

〈……建物の近くに居住するAさんは、「この建物の歴史を知らなかった」とし、「私たちが日本総理と隣人になるなんて想像もできなかった」と喜んだ。岸田首相当選と同時に、彼の祖先が基隆市と関連があるという報道が出て、日本との関係を深めたい台湾執権民進党は喜んでいる。日本と台湾は外交関係を結んでいないが、中国に対する懸念が高まり、二つの国家は、一層近づいている。日本は最近、防衛白書で初めて「台湾情勢は、日本の安全保障に重要である」という内容を明記した……〉

と、されています。大したことではないかもしれませんが、韓国の場合、併合時代に日本人が住んでいたという理由だけで、燃やされ、破壊されるのがオチです。当時この記事を読んで、こういうのを「価値観」というのだろうか、と思ったりしました。

【二〇二一年十月十四日】「代位返済」という「イ・サンミン案」の誕生

旧朝鮮半島出身労働者問題の解決法の一つとして、「代位返済（韓国政府が金を支払うこと）」が話題になりました。当時の与党、共に民主党では重鎮とされる李相珉（イサンミン）議員が、旧朝鮮半島出身労働者問題で「韓国政府が代位弁済すれば、文在寅（ムンジェイン）大統領の任期内でも解決できる」と主張しました。あとでそのお金を日本側に請求することについては、「多分、そうはしないだろう」としながらです。

日本の産経新聞がこの主張を紹介しながら、「日本政府に請求しないという具体的な方法は何も言わなかった」と指摘しています。

〈……いわゆる徴用工訴訟問題で今月、「日本政府に代わり韓国政府が賠償金を『代位弁済』する」との新たな対応案を公式の場で提示した韓国与党「共に民主党」の李相珉議員が、産経新聞のインタビューに応じた。李氏は「日本政府や企業に支払いを求める案ではない」とし、「文在寅政権の任期内に解決することも十分に可能だ」との認識を示した。

……一方、韓国政府が事後に日本政府に賠償金を請求する仕組みについては、「あくまで法的な枠組みだ。韓国政府が実際に『借金を返せ』などと言うと思うか」と述べた。だが、韓国政府が将来的に日本政府に請求しない保証はなく、李氏もそれを担保する具体策には言及しなかった……（同日、産経新聞）〉

ですが、十月二十日の京郷新聞によると、国政監査（国会が各機関について監査を行うこと）にて、この代位返済案が「あとで日本政府に請求する」ことになっていました。李相珉議員が直接言ったわけではありませんが、産経新聞に対して話した内容とは違います。

〈……鄭義溶（チョンウィヨン）外交部長官（外務相）はこの日、文大統領と岸田文雄日本首相の初の通話会談については、「非常に良かった」とし「首脳通話を基に、外交当局間の懸案を解決するための協議を加速することで合意した。外交部も最善を尽くしたい」と述べた。鄭長官は、李相珉共に民主党議員が強制徴用解決策として、韓国政府が賠償責任がある日本企業に代わってまず被害者に賠償し、後日、日本に請求する「代位弁済」方式を検討することを提案してみるよう頼んだところ、即答を避けたまま「政府としては、被害者の権利を保護する義務があり、司法判断を尊重しなければならない」という原則的立場を明らかにし

た。鄭長官は続いて「現実的で合理的方策があれば、開かれた姿勢で臨んでいる」と付け加えた……〉

この代位返済案は、尹錫悦（ユンソンニョル）政権になってからもまだ消えずにいます。代位返済する気があるから、お金を払う主体が「韓国政府」であることを確実にしないと、日韓基本条約、日韓請求権協定が成立しなくなります。あとで日本政府に請求するなど、言語道断です。

【二〇二一年十月中旬〜】日本の防疫成功に疑義を唱える韓国メディア

日本で新型コロナウイルスの感染者数が急激に減り、韓国では「データの捏造だ」「何かからくりがある」という話が広がります。もちろん、すべてデマです。話にもならない主張が多く、日本特派員や専門家などが「感情的なデマにすぎない」と記事を載せることもありました。

あとで日韓共にオミクロン株で苦労することになりますが、二〇二一年のこの頃、日本の新型コロナウイルスへの対応は、本当に素晴らしいものでした。

【二〇二一年十月二十三日】処理水放出を非難しながら、ＣＰＴＰＰ加入をもくろむ韓国

韓国政府がＣＰＴＰＰ（通称ＴＰＰ11。環太平洋パートナーシップに関する包括的及び先進的な協定。アメリカが離脱したため11ヶ国となった。）加入申請を進めると発表します。ＣＰＴＰＰ加盟国になるためには、実質的に主導した日本はもちろん、11の加盟国全ての同意を得なければなりません。

この件は、尹政権が文政権から受け継いだほぼ唯一の政策でもある、「福島第一原発処理水放流に、強く対抗する」ことと関わっています。なにせ、同じくＣＰＴＰＰ加入を申請している台湾とイギリスは、科学的データに基づき、福島及び周辺地域産食品の輸入制限措置を解除しましたが、韓国は今までも「輸入禁止措置を維持したまま、ＣＰＴＰＰにも加入する」という無茶な主張を続けています。

それから国内での反発、日本などの加盟国からの支持確保がうまくいかず、十二月には「ＣＰＴＰＰ加入について意見を集めてみる」と後退しましたが、二〇二二年三月、文在寅大統領の任期が終わる直前に、加入申請を行いました。

少し時間を進めてみますと、日米・米韓首脳会談が話題だった二〇二二年五月二十五日、韓国の海洋水産部長官が、またもや「CPTPPには加入するが、福島などの日本産水産物に対する措置は解除しない」と発言しました。水産物関連も、処理水放流とつながっていますから。

政権が変わって長官が変わっても、これといった路線変更はありません。尹政権になってからも前の政権から主張は変わっていませんし、今の海洋水産部長官が就任後に同様の発言をしたのは、この日が初めてとなります。

すぐその翌日、日本から返事はありました。二十六日、日本の松野博一（まつのひろかず）官房長官が、「韓国の措置は科学的なものではない」とする趣旨の発言をし、「CPTPPのレベルは高い」「（新しく加入を希望する国が）CPTPPの基準を満たすことができるのか、見守るとしよう」と話しました。内容もそうですがタイミング的に、悪くない形での返事です。

〈……チョ・スンファン海洋水産部長官は、二十五日、政府が加入を進めている環太平洋パートナーシップに関する包括的及び先進的な協定（CPTPP）に関連し、「協定に加入しても、国民の健康と安全のために、日本の福島産水産物を輸入しないという既存の立場は変わらない」と明らかにした。チョ長官はこの日、政府世宗（セジョン）庁舎で開かれた出入記者団昼食懇談会で、「ＣＰＴＰＰ加入が、国益のために仕方なくやらなければならないという政府の立場は理解できる」としながら、このように言った。彼は引き続き「福島産水産物の輸入については、断固として国民の安全・健康が重要だという考えだ」とし「漁民が受ける被害に対しては十分に補償する」と付け加えた……（二十五日、聯合ニュース）〉

〈……日本政府が、韓国に対して、福島産水産物輸入規制を早期に撤廃することを重ね要求しました。日本政府のスポークスマンである松野官房長官は、定例記者会見で、福島水産物の輸入禁止を続けている韓国について、「複数の機会を通じて、日本産食品の安全性を科学的根拠に基づいて説明してきた」と明らかにしました。続いて「日本産食品の輸入規制撤廃は、政府の最大の課題」とし「韓国にも、輸入規制の早期撤廃を強く求めていく」と述べました。

また、環太平洋パートナーシップに関する包括的及び先進的な協定、ＣＰＴＰＰ加入を韓国が推進することについて、この協定は「市場へのアプローチという側面でも、規定の側面でも、レベルが高い」とし、「新規加入に関心を示す国が、こうした高い基準を完全に満たす準備ができているかどうか、見守るとしよう」と述べました。今回の発言により、CPTPPを主導している日本が、福島産水産物の輸入再開を、事実上、協定加入の前提条件としていることが明らかになったと解釈されます……（二十六日、YTN）〉

他はともかく、東京オリンピックの時、韓国側が福島、いや日本の心を踏みにじったことを考えると、もはやこの件は論ずること自体が不愉快です。そもそも、輸入禁止の発表そのものが、東京オリンピック開催都市を決める直前のことでした。

しかも、二〇一三年九月三十日の聯合ニュースによると、当時の海洋水産部長官本人が、「食品医薬品安全処のデータでは、該当水産物に問題が無かった」ということを、「それでも私が輸入禁止した！」と、まるで武勇伝のように話しています。

記事によると、当時のユン・ジンスク海洋水産部長官は、「日本が汚染水（処理水）を外に流すとは思わなかった。あのような、道徳的になっていないガキどもを相手に、外交でカバーしないといけないのか。そんな気もするし、どうせなら早めにと思って、（輸入禁止措置を）やった」「食薬処（食品医薬品安全処）は、『データに異常がないのに、どうするのですか』という立場だったが、このままでは私たちの漁師たちが苦しいだろうなと考え、強くドライブをかけた（※輸入禁止にした）わけだ」と話しています。スタートからしてこれですから、「科学的」という基準が通じるわけないでしょう。

繰り返しになりますが、処理水放流や日本産水産物輸入禁止は、尹政権が文政権の政策をそのまま受け継いだ、ほぼ唯一の案件でもあります。本書では処理水関連についてはあまりページを割きませんが、本当に科学的なデータも無しに輸入禁止を維持し、CPTPPにも加入できるのかどうか、ミモノです。

【二〇二一年十一月三日】再び日韓首脳会談が開催されない理由を探す韓国

十月三十一日に投開票が行われた衆議院選挙の結果について、韓国外交部の次官が、「岸田総理が衆議院選挙で勝利して安定した政権運用ができるようになったから、もう日韓関係を、日本内で政治利用せずに済む。だから韓国との会談もするだろう」という趣旨の話をしました。

〈……チェ・ジョンゴン外交部第一次官が、岸田文雄日本総理の選挙勝利に言及し、日本国内政治が安定しただけに、韓国との対話に前向きに出ることを間接的に促した。チェ次官は三日、ＫＢＳラジオ「チュ・ジヌのライブ」に出演し、「日本政局が安定して日本内で支持を受ける首相が、私たちの前に座ってほしい」とし、「岸田首相はそうだと、私たちは信じる」と話した。

彼は「内部的に不安な首相は、国内政治として（※日韓関係を）悪用するために、私たちにアプローチする恐れがある」とし、このため、日本で強く支持される首相が現れることを期待していた、とも付け加えた。先月三十一日、日本衆議院選挙で岸田首相が率いる自民党が全体４６５議席のうち２６１議席を取るなど、絶対安定多数を確保した（※前から取っていました）〉。

日本の岸田政権が、世論を意識しなければならない政治イベントを成功裏に終えただけに、今後は韓国との関係改善と対話に積極的に出てくれることを望む。岸田政権が選挙で勝利しただけに、今は一部の世論だけの支持が受けられなくなっても、韓国との関係改善

に積極的に乗り出すことを望むという意味が込められた発言だと解釈される……〈同日、聯合ニュース〉〉

二〇二二年夏の今からこの記事を読み返してみると、それからの岸田総理のスタンスには何の変化も無く、変わったことがあるとすると、韓国側の記事が二〇二一年には「衆議院選挙が終われば〜」から、二〇二二年に「参議院選挙さえ終われば〜」になったことだけです。

なにせ、自民政権は二〇二一年までも十分安定していました。というか、議席数で言うと、自民と公明で選挙前より少し減っていますが、そんな基本的なことも調べていないのでしょうか。

【同じく二〇二一年十一月三日】ＣＯＰ26でも開催されなかった日韓首脳会談

ＣＯＰ26（第26回気候変動枠組条約締約国会議）が開かれたイギリスのグラスゴーを訪問した文在寅大統領と岸田文雄総理ですが、首脳会談はありませんでした。

〈……日韓両首脳の初めての出会いは、不発だった。共同通信など日本メディアは、バイデン大統領と岸田首相がグラスゴーで会って「短時間会談をした」と報道した。岸田首相はこの日、ボリス・ジョンソン英国首相、スコット・モリソン オーストラリア首相、ファム・ミン・チン ベトナム首相などとの会談も調整したことが分かった。

岸田首相が米国などの主要首脳と会い、国際外交舞台にデビューしたにもかかわらず、文大統領との出会いだけが不発になったのは、過去史問題で冷却された韓日関係を反映されたものとみられる。慰安婦及び朝鮮半島出身労働者問題の解決法を置いて、韓日政府が平行線を走っており、両首脳が出会っても韓日関係復元は難しいからだ。文大統領は、バイデン大統領と岸田首相など日米首脳と正式会談ができないまま、G20首脳会議とCOP26を終えた……（同日、東亜日報）〉

この記事は日韓首脳会談の話ばかりですが、実はこのCOP26については、「米韓首脳会談が無かった」ことのほうが、もっと衝撃的です。

多国間会議の場では、ほぼ例外なく米韓首脳会談が行われてきました。三十分ぐらいのものでしたが、お互いの関心事を確認し、そしてなにより、対外的な「同盟」のイメージをアピールするためのものでした。文大統領と仲がよくないとされていたトランプ大統領の頃にも、この会談はありました。それが、ニューヨークでの国連総会、イタリアでのG20、イギリスでのCOP26の三回連続で、行われませんでした。

さすがに尹政権になってからは、ここまで会談がスルーされることはないだろうと思われます。少なくとも尹大統領が、対・北朝鮮政策を変えない限りはないでしょう。

しかし、中国に対してはどうなのか。そこが、米韓の信頼が回復するかどうかを決める根本的な要素となるでしょう。

【二〇二一年十一月三日〜】「尿素水（にょうそすい）大乱」

尿素不足により、いわゆる「尿素水大乱」が始まり、大きな話題になります。中国が輸出量を統制したからです。日付はソース記事のもので、十一月上旬はこの件で大騒ぎでした。

日本でも一時的に価格が高騰するなどの問題が発生しましたが、韓国での騒ぎは、その比ではありませんでした。当時、ブログを書こうと韓国側のネットをチェックすると、二週間ぐらいはこの話ばかりだったことを覚えています。

これは、大勢の韓国人に、「中国がいないといろいろ困るんだな」という考えを強く植え付けた事案でもあります。もはや「経済安保」という言葉なしでは、外交を語ることはできなくなりました。

よく半導体とかバッテリーとか、そんなものばかりクローズアップされますが、実はこんな、「意外な」ところで問題が発生し、国家の経済が止まってしまう恐れもあるわけです。

例えば、ここから引用する記事の一つ、聯合ニュースの記事では、題は「尿素水ってなんだ？ 貨物車が全部止まるのか？」となっています。意外なところで、意外なことが起きている、と。

ここでは一例として紹介しますが、これは、今の尹政権でも、「北朝鮮には強硬な姿勢が示せるけど、中国に対してはそうはいかない」という現実そのものでもあります。何気に重要な案件、当時よりむしろ今において重要とされる事案ですので、当時の記事を引用してみます。

〈……ディーゼル車両の必需品である尿素水の品薄現象が続いています。尿素水は、排ガスを処理するディーゼル車両の窒素酸化物低減装置（ＳＣＲ）から、発がん物質である「窒素酸化物（ＮＯｘ）」を水と窒素に変える役割をします。大型ディーゼル貨物車の場合、３００～４００㎞あたり、尿素水10Ｌを注入しなければ、正常な運行ができません。直接的に韓国で使う尿素水の97％ほどが中国産ですが、中国からの供給が途切れたわけです。

外交問題でオーストラリア産の石炭輸入を中断した中国ですが、石炭ベースの尿素水の生産が大幅に減り、韓国への尿素水輸出量を大幅に減らしました。中国は輸出前検査の義務化まで行っています。このような状況で、国内尿素水の在庫は今月内に尽きると予想されています。現在、国内で運行されているディーゼル貨物車３３０万台のうち60％である２００万台程度は、尿素水がなければならない窒素酸化物低減装置を装備しており、尿素水の供給が切れれば、事実上運行が不可能です。

さらに、それらディーゼル貨物車がほとんど原材料・物流配送に使われるという点で物流大乱も懸念されます。政府が出て対策会議をして尿素水の買い占めを取り締まる一方、中国政府に協力を要請しましたが、不足分を埋める妙手はありません。また、中国以外に代替輸入国を検討していますが、実際の輸入には数ヶ月かかりそうです……（十一月三日、聯合ニュース）〉

〈……尿素水の品薄と価格急騰は中国発の輸出規制により買い占めが重なって発生したものと分析される。化学業界関係者は、「中国政府の輸出規制が始まる前に市場に放出された量は少なくなかったのに価格が急騰したのは需要が集中して起きた現象とみられる」と話した。これに先立ち中国政府は先月十五日から尿素を輸出貨物表示義務化の対象に含ませた。事実上、尿素に対する輸出制限に出たもので、自国内の尿素供給を優先したのだ。韓国国内の尿素消費量のうち中国産の輸入品の割合は全体の60%を超えており、韓国市場は特に打撃が大きかった……（十一月三日、中央日報）〉

数値が中央日報と聯合ニュースとで違いますが、60%は製品そのものを中国から輸入するもの、97%は中国「産」を基準にしてのものだと思われます。

【二〇二一年十一月七日～】尿素水大乱の拡大と中国による輸出規制

尿素水大乱がどんどん拡大していきます。最初は貨物車だけが話題になりましたが、それからバス、建設機械にまで問題が波及し、結局、政府が責任を取れ、という流れになりました。政府は、中国に「善処を求める」こと以外、できることがありませんでした。

〈……尿素水大乱により、物流大乱はもちろん、交通大乱まで避けられない見通しだ。物流に使う貨物車はもちろん、公共交通手段であるバスも、ほとんどディーゼル車だからだ。さらに問題は、尿素水大乱が長期化する可能性が大きいという点だ。最近発生している問題は、中国が尿素の輸出を制限しているためだ。しかし、中国を代替する輸入先もない。尿素は石炭や天然ガスから抽出される。ディーゼル車の比重が高いヨーロッパは、尿素を多く生産していた。しかし、最近、天然ガスの価格が急騰するにつれて、ヨーロッパでも尿素の品薄現象が発生している。このような理由で、韓国の尿素水大乱の長期化は避けられないと思われる……（十一月七日、ニュース1）〉

〈……尿素の在庫量が今月末までしかもたないと見込まれる中、政府が今週にでも可視的な成果を出さなければ、今回の事態は長期化局面に入る可能性が高い。その場合、尿素水による物流大乱が現実化し、物流ネットワークがストップ、経済が回らなくなる状況が発生する可能性がある。事前の備えや事後の対応をめぐる政府責任論が浮上する可能性も大きい。

七日、建設機械業界によると、現在生産されている掘削機、ホイールローダなどの建設機器は、ほとんどディーゼルエンジンであり、環境規制に合わせた窒素酸化物低減装置（SCR）が搭載される。建設現場で最も多く見られる14t級ホイール掘削機の場合、4～5日ごとに尿素水10Lが必要だ。これより大きい大型掘削機は作業の度合いに応じて、一日に使うこともある。特に、一日単位で契約され現場に投入される掘削機運転士は、尿素水を直接買わなければならず、負担がより大きくなっている（十一月七日、江原（カンウォン）日報）〉

記事でも指摘していますが、問題は、中国とオーストラリアの件、すなわち中国の一方的な外交政策と、それに屈しなかったオーストラリアとの葛藤とつながっています。そして、一部の記事は、日本の対韓輸出厳格化は一部企業に対するものだったが、今回の件は人々の生活に影響を及ぼすものだと指摘しています。

しかし、韓国政府の反応は、日本の時とはあまりにも違うものでした。記事によると、韓国は中国に対し、「善処を求める」だけでした。

〈……現在、10倍のプレミアムを払っても、尿素水を買うのは難しい。尿素水不足で貨物車の最高速度は20㎞に落ち、貨物車運転士は生業を続けることができない。それでも政府は、中国を訪問して説得するなど、中国の善処だけを求めている状況だ。政府のこのような態度は、二〇一九年七月に日本が素材・部品・装備輸出を規制（※対韓輸出管理厳格化）した時と比較される。輸出規制の原因に差があるという点を勘案しても、中国、日本に対する政府の態度は明らかに違いすぎる。日本が核心素材・部品の韓国輸出を制限した時、政府は超・強硬で対応した。韓日軍事情報保護協定の廃棄を取り上げ、日本を圧迫した。日本依存を画期的に減らすとし、素材・部品・装備対策を出した。政府はＴＨＡＤ（サード）事態以後、中国による経済的な措置、毎回のように後頭部を叩かれながらも、中国に対する片思いを続けている。中国が希土類を武器化するような紛争は、いつ再発してもおかしくない。中国依存度の高い原材料の場合には、今回のように中国が輸出ラインを切れば、核心産業は直接影響を受ける。怒りの民心を考え、現政府は中国依存度を下げるなど、積極的に対応しなければならない……（十一月七日、韓国ソウル地域のローカル紙、毎日日報）〉

一時はWTO（世界貿易機関）に提訴するという話もありましたが、あとで取り消されました（日本の輸出管理厳格化の件については、韓国はすでにWTOに提訴済みです）。それからさらに一〜二週間ぐらい時間が経って、中国側が輸出制限関連で韓国への輸出を緩和するよう措置を取り、問題は解決に向かいます。尿素水「だけ」で見ると二〇二一年の話にすぎませんが、この「尿素水大乱」は、中国と韓国との関係、その圧倒的なまでの上下関係を表すものでした。同じく二〇二二年の米韓首脳会談などと関連し、韓国の「中国依存」についての現状を、もう少し掘り下げてみます。

【二〇二一年十一月七日】朝鮮半島融和が実現しないのは「日本のせい」

終戦宣言関連で、またもや「日本が妨害をしている」という話が広がります。日付はソース記事の日付で、実際は二〇二一年の夏あたりから、文政権は「終戦宣言」に外交力を集中していました。朝鮮半島南北平和ムードの最後の希望として、朝鮮戦争の終戦宣言を行い、北朝鮮との平和ムードを再開させよう、というのです。

でも、米国はおろか中国すらも公式的には支持せず（非公式には支持表明したこともありますが）、北朝鮮も「今そんなものになんの意味がある」という反応だけでした。

一時は「終戦宣言すれば安保関連で安定するため、韓国は世界5位の経済大国になる」というとんでもない主張まで出ていた終戦宣言ですが、すでに十一月には、不可能だと言われていました。そこで、また「日本のせいだ」論が浮上するわけです。

〈……「日本、韓米日会議で『終戦宣言は時期尚早……また執拗な妨害工作』」（※題）。朝鮮半島の平和プロセスの隠れた妨害者……ボルトン回顧録でも確認／韓半島当事者でもない日本が干渉？　国内保守層で逆風予想（※見出し）。日本が、韓米間で調律中の朝鮮半島終戦宣言に対して時期尚早論を掲げ、事実上、反対したことが明らかになった。二〇一八年シンガポール米朝首脳会談と二〇一九年ハノイ米朝首脳会談の時も、裏で妨害した日本が、今回もまた足を引っ張っているのだ。日本共同通信は六日、複数の外交消息筋を引用し、日本政府が最近米国で開かれた韓米日北朝鮮核首席代表会合で終戦宣言に対して「時期尚早」という態度を見せたと報道した。岸田内閣は、北朝鮮がミサイル試験発射を繰り返し、日本人拉致問題が解決の目処を示さない状況で対北朝鮮の「融和」の雰囲気だけが拡散することを警戒していると、共同通信は伝えた。前任の安倍、菅内閣が朝鮮半島の平和プロセスに否定的だったことはよく知られているが、相対的に穏健派である岸田内閣も、朝鮮半島問題に関しては全く変わらないことが確認されたわけだ……終戦宣言までも日本がまた妨害するとは、「最も近い隣人」を標榜する両国関係において深刻な問題でしかない。ただし、日本が終戦宣言に反対するという事実は、韓国内の反感を育てるという点で、終戦宣言自体においては必ずしも否定的とは言えない。韓国内の一部の保守層は、在韓米軍撤収の可能性など安保上の理由で終戦宣言に否定的だが、朝鮮半島問題の当事者でもない日本が干渉する態度は、全く異なる次元の反発を呼ぶだろうからだ……（十一月七日、CBSノーカットニュース）〉

過激な記事だと思われるかもしれませんが、韓国側の主張としては、これがスタンダードです。この「日本は南北平和を妨害している」、または「日本は統一を望んでいない」という主張は、ずいぶん前からありました。日本が米国を動かしている、だから統一できないのだ、という内容です。

逆に、だからこそ日本を利用し、米国の対北朝鮮制裁をやめさせよう、という主張もあります。拉致被害者問題などで韓国が積極的に協力したり、金正恩（キムジョンウン）氏と日本総理の首脳会談を仲介すれば、日本は喜んでくれるだろう、と言うのです。

しかし、韓国においての『日本』という世界観がいつもそうですが、所詮は「うまくいかない時の言い訳」にすぎません。また、この考えが「いついかなる時にも、韓国の要請無しには、日本自衛隊は朝鮮半島（韓国の領海・領空、朝鮮半島周辺の作戦区域など）に入ってきてはならない」という韓国政府公式立場の元となりました。韓国が、有事の際に在韓邦人の救出のためにも自衛隊の上陸だけは許可できないとしているのも、これが原因です。尹政権が解決しないといけない「重要な課題の一つ」である日本との軍事協力においても、その大きな障害物になっています。

【二〇二一年十一月中旬】機能不全に陥るK防疫

十一月一日からK防疫を大幅に解除し、いわゆる「ウィズコロナ」を始めた韓国ですが、もともと強い政府規制に依存した防疫体系だっただけに、新規感染者、重症患者、死亡者が急激に増えることになります。

一時は世界最悪とされる致命率を記録し、韓国が自慢していたK防疫は機能しなくなり、十一月中旬から末にかけては、医療システムが崩壊しました。それからさらにオミクロン株による流行が襲い、二〇二二年二~三月あたりまで、韓国は世界的に見ても最悪の新型コロナ禍を経験することになります。

本件は、本書ではこれ以上は取り上げませんが、K防疫は文政権の心強い支持基盤でもありました。これが崩れたことは、それからの政権交代に少なくない影響を及ぼしました。

一時は「韓国が日本より優秀な証拠」とされていたK防疫ですが、二〇二一年年末あたりからは、すでにK防疫の基本システムだった3T（TEST・できる限りのPCR検査、TRACE・感染が疑われる者への徹底した追跡、TREATMENT・隔離による治療）は事実上廃止されました。自由民主党からは「プライバシー侵害の側面があり、うちの国では無理」とされ、中国からは「中国のゼロコロナ政策の劣化モノマネにすぎない」と言われながら。その中国も、あとで都市封鎖をしたりと、いろいろ大変なことになります。

【二〇二一年十一月十五日】日本の経済安保推進法案が話題に

日本の経済安保推進法案が、韓国でも話題になります。ですが、この時はまだ、韓国は経済安保についてあまり関心がありませんでした。「経済」は中国、「安保」は米国に頼ればいいのに、経済安保を一つにしたところで、両方から甘い汁が吸えなくなるだけだと思っていたためです。

韓国側のメディアが、経済安保を一つの概念として考える記事を書くようになったのは、二〇二二年、バイデン大統領の訪韓の頃からです。

【二〇二一年十一月十八日】日米韓外交次官共同記者会見が取りやめに

米国で予定されていた日米韓外交次官共同記者会見が、突然キャンセルされました。韓国のチェ・ジョンゴン外交部一次官、ウェンディ・シャーマン米国国務部副長官、森健良（もりたけお）日本外務省事務次官は十七日午前（現地時間）ワシントンで第9次外交次官協議会を行い、そのあとに共同会見をする予定でしたが、会見場にはシャーマン副長官だけが姿を現しました。

同日のファイナンシャルニュースの記事によると、共同会見の霧散と関連して正確な理由は知られていないものの、日本時間で十六日にキム・チャンリョン韓国警察庁長が、竹島に上陸したことが原因だと思われる、と述べました。それ以外にないでしょう。

韓国は、竹島を違法占拠し、「独島（ドクト）警備隊」というものを駐屯させています。総責任者のキム庁長が、十六日にヘリコプターに乗って竹島と鬱陵島（ウルルンド）を訪問し現場状況を点検し、独島警備隊員を励ました。警察総長は「次官」級であり、二〇〇九年のカン・ヒラク警察庁長が竹島に上陸した後に日本側から強い抗議を受けてから、警察総長が竹島に上陸することはありませんでした。ファイナンシャルニュースは、

〈……今回の事態は、最近、韓国最高裁判所が徴用被害者問題（※旧朝鮮半島出身労働者問題）に賠償判決を下すなど、過去史や独島問題などをめぐって韓国と日本両国の葛藤が

深化している状況を端的に示している……〉

とも報じています。

シャーマン副長官は共同記者会見が単独会見に変わったことについて「しばらくそうだったように、日本と韓国の間に解決し続けなければならない両者間の異見が一部あった」と認めながらも、「日韓間の見解はこの日の会談とは無関係だ」とフォローしました。実際、その翌日、日米間の会談は何の問題もなく予定通り行われました。

気になるのは、タイミングです。米中首脳会談のあとに次官会議があるとちゃんと告知されていたのに、警察庁長が竹島に上陸したとは、これはどういうことでしょうか。次官級の人が竹島に上陸したことを、政府が知らなかったはずがないでしょうに。

さらに一つ気になるのは、韓日議員連盟「朝鮮通信使交流の会」の国会議員たちが、日本を訪問中だったことです（十六日〜二十日）。仮にも関係改善を掲げた国会議員団が、どうして十六日から訪日したのでしょうか。しかも、この人たち、警察総長の竹島上陸計画を事前に知っていました。

〈……訪日議員団は、東京駐在韓国特派員団との懇談会も、コロナ19防疫対策と関連、「事前に提出した行動計画書にない」という理由で不許可になった。東京に緊急事態宣言が発令中だった去る七月に訪日したキム・ジンピョ韓日議員連盟会長は、韓国特派員団と懇談会をすることができた。訪日議員団団長であるチョン・ジンソク副議長は、合同会議の後、キム・チャンリョン警察庁長の竹島訪問と関連し、「警察庁長の竹島上陸は当然のことだ」としながらも、「私が出国前にその知らせ（上陸計画）を聞いた時、警察庁長に電話をかけて訪問計画を少し調整できないかと打診した」と話した。彼は「上陸自体は正当だと思うが、日程に対する政府内の疎通ができていないようだ」とし「その日程が調整されたならば、私たちの訪日活動の歩幅を広げることができたかもしれない」と話した……（同日、ファイナンシャルニュース）〉

二〇二二年四月、韓国の「政策協議代表団」が訪日しました。岸田総理とも面談し、韓国では言うまでもなく、日本でも一部のメディアが「関係改善の意向を本格的に示してきた」と報道しました。

しかし、彼らが帰ってから一ヶ月後、竹島周辺日本側EEZ（排他的経済水域）内では、日本の許可なしに韓国側による海洋調査が行われました。第三章でまた詳しく述べますが、この件は日本側が「まだ韓国と首脳会談をやる段階ではない」と判断する、重要な要因となりました。

私にはこの政策協議団と海洋調査のタイミングが、二〇二一年の訪日議員団と警察総長の竹島上陸と、どうしてもオーバーラップして見えます。明らかに「わざと」やっているとしか言えません。何かの観測気球のつもり、でしょうか。日本側がどんな反応を示すのか、試してみるための。

また、偶然かもしれませんが、二〇二一年訪日議員団のリーダーは「朝鮮通信使委員長」でもあるチョン・ジンソク国会副議長でしたが、この人、二〇二二年の政策協議団でも団長でした。

【二〇二一年十一月二十三日】全斗煥（チョンドゥファン）元大統領が死去

韓国の経済成長を導いた主役の一人で、また独裁者でもあった、全斗煥元大統領が死去しました。私は幼かった頃、「大統領はずっとこの人がやるものだ」と勘違いしていました。韓国では悪人というイメージしか残っていませんが、相応の功績もある人だと、個人的には思っています。当時の与党（共に民主党）のチョ・オソプ院内スポークスマンは、院内対策会議の後に記者たちと会って、「党の立場ではない」としながらも、「何の謝罪もなく、真実究明なしで歪曲だけして、反省もしないで死んだことが、ムカつく」と話しました。また、当時、野党だった「国民の力」の大統領候補だった尹錫悦氏は、「彼は政治は本当にうまかった」と話し、左派陣営から叩かれたりもしました。

【同じく二〇二一年十一月二十三日】『ついに、日本も韓国が嫌いですって』

突然ですが、同日の寄稿文メインのネットメディアのスカイデイリーから、元朝鮮日報記者イ・ヒョクチェ氏の寄稿文を紹介します。

二〇二一年十一月には、韓国各メディア及び政府関係者たちは、「もう日本の総理が変わったから」を根拠に、日韓関係改善を語っていました。本稿を執筆している今、二〇二二年の夏には、「もう韓国の政権が変わったから」を根拠にして、韓国、そして残念ながら日本の一部のメディアも、同じ趣旨の主張をしています。両方、「選挙さえ終われば」

という、これまた二〇二一年と同じ主張をしながらです。
　このイ・ヒョクチェ氏の寄稿文は、まるで昨日書かれたもののように、二〇二二年夏の今にぴったり当てはまる内容です。『ついに、日本も韓国が嫌いですって』という分かりやすい題の寄稿文で、「首相や外相が変わっても、必要によって国際環境に適応するためにある国の外交が変わるわけではない。外交は国際環境によって決まるものであり、韓国が基本的な外交から目をそらしている間、日本の国民の韓国観は、すでに変わっている」という内容になります。

〈……外交というのは、メニューから好きに選んで注文できるものではない。人との付き合いというのがいつもそうだが、ましてや他の国と付き合うわけだから、私たちの勝手に注文できるはずがなかろう。だから、他の国が何かの主張をしたなら、なぜそんなことを言うのか、よく考えて、一度は慎重に調べてみるのがいい。もし相手が慎重な性格の友人なら、私にも慎重さを期待し、もし私が慎重に行動しなければ、そんな私に不信を向けるだろう。

国際法と国際慣例を見るのが、その基本だ。そして、そのように慎重に処身すること、決して屈辱などではない。自国民のための正しい行いである。外交を、国内世論や雰囲気、自分に合わせるだけで行ってしまうと、国家のコンパスは壊れてしまう。

日本で新しい政権が発足した時、韓国のメディアは、外相になった林芳正（はやしよしまさ）について「良い人だ」という分析を出した。「消極的だった茂木敏充（もてぎとしみつ）外相とは違い、韓国に深い関心を示す人だ」「共存共栄の韓日両国というセミナーに参加したことがある」「彼が所属する自民党の派閥はアジア外交を最も重視する」「次世代の親韓派議員として韓国に関心が多い」「朝鮮通信使交流の会の幹事出身だ」などなど。別に、林外相に私たちが期待を寄せることが悪いと言っているわけではない。しかし、誰が首相になっても、誰が外相になっても、日本の外交はそう簡単には変わらない。いや、変わらないというか、人が変わったからって、外交がそう簡単に変わってしまってはいけないのだ……

……（※外交というのは国際環境に合わせてできたものであり、人が変わるだけで変わるものではない。外交が成立するためには国同士で手を組む必要があるのに、韓国は日本の主張について何の議論もせず、「人が変われば」ということだけを気にしていた、という趣旨の内容の後に）、これまで韓日関係を心配する人たちは、いつもこう言っていた。「いくら政治がダメでも、両国の国民は仲良く手を握って粘り強く過ごしていこう」、と。「草の根外交」をしようという話だ。

ところが、もう状況が違う。いくら韓国で日本食店に客が集まり、ソウルの居酒屋に韓国人が集まり、日本で韓国映画を上映したり韓国グループの公演を中継したり韓国俳優の特集番組をやるとしても、前とは状況が違う。お互いの文化を楽しく消費しているだけで、距離が縮んだりはしない。民間交流が、意味を失い始めたのだ。韓国だけでなく、平均的な日本人の心からも、韓国は遠くなっている。Kポップ、韓国ドラマを楽しむ日本人がまだまだ多いが、文化に対する好感度が日韓関係の改善につながっていない。これは、決して今だけの一時的な現象ではない。

一方、政治的な関係の悪化は、文化関係の悪化にすぐ影響する。端的な例が、日本から海外に修学旅行に行く学校のうち、韓国に来る学校が、二〇一二年までは全体の20％だったのに、新型コロナ禍になる直前の二〇二〇年初めには、1・2%まで落ちた。一般的な日本人が、「韓国は友だちになれない国」と言っているのだ。それがどうした、と言う人もいるかもしれないが、そんな一般的な日本人が増えているのは、紛れもない事実だ。それは、新型コロナでお互いに行き来できなくなっただけでは、こうはならない……〉

第三章　尹錫悦大統領の誕生

【二〇二一年十一月末〜十二月】K防疫の失敗と朴槿恵(パククネ)元大統領の赦免

韓国の新型コロナ禍が急激に悪化しすぎて、他の案件がパッとしないほどの大騒ぎになります。すでに人口比死亡率など全ての項目で日本よりも悪化しており、「日本より優秀」というK防疫の象徴性も台無しにされました。

医療システムのマヒが特に多くのメディアから記事になり、いつもは文在寅(ムンジェイン)政権を支持していた左派寄りのメディアすらも、政府の防疫体系、および発表されるデータの不透明さを批判しました。「ドライブスルーPCR検査」などの独自の検査システムも、交通渋滞や住民からの苦情などで全て廃止されました。韓国大統領府は「K防疫が失敗したと言うのは、国民を侮辱する行為だ」として、言論に圧力をかけたりしました。

日韓関係は変わらずで、終戦宣言関連でも、米国が支持しているとか、すでに宣言文の草案ができているとか、いろいろ話が出てきますが、結果的には、すべて嘘でした。米国を中心に北京オリンピック・パラリンピックの外交的ボイコットが話題になりますが、韓国はボイコットに同調しませんでした。それからクリスマスに、弾劾されて収監されていた朴槿恵氏が赦免されました。

【二〇二一年十二月二十八日】早期の日韓首脳会談を期待する韓国

一年を振り返る記事が増えてきました。その中でも、日韓関係についての記事は、ほとんどが「岸田文雄総理は、選挙さえ終われば韓国に声をかけてくる」という主張で埋め尽くされていた九月、岸田さんの総裁選出から変わった点があるとすれば、「衆議院選挙が終われば」が「参議院選挙が終われば」に変わっただけで、中身はほとんど同じです。

特に同日の韓国日報は、完璧なまでの上から目線で同じ趣旨を述べており、「どうせ日本が折れるから、韓国は何もしなくていい」とする韓国側のスタンスを端的に表しています。最後の部分だけ、引用してみます。

〈今年（※二〇二一年）の日韓関係は全く改善されなかった。岸田首相は「外交的解決法を模索しよう」という韓国側の提案に応じていない。このような姿勢は来年7月、参議院選挙まで続く可能性が高い。それまで岸田首相は、前任の安倍晋三、菅義偉首相の外交安全保障政策を踏襲し、保守層の結集を誘導しなければならないからだ。もし来年参議院選挙でも自民党が勝利すれば、状況が変わるものと見られる。政治基盤を固めた岸田首相が、

いよいよ自分の色を表わすことができる。今、韓国側に必要なのは、雰囲気が熟すまで、待ってやる知恵であろう〉

【二〇二一年十二月三十一日】米韓通貨スワップの終了

韓国の中央銀行である「韓国銀行」が米国連邦準備制度理事会（ＦＲＢ）と締結していた一時的な通貨スワップ契約が、延長せずに満期日である十二月三十一日で終了となりました。通貨スワップは二〇二一年米韓首脳会談とも繋がる内容ですので、この案件は当時の雰囲気をお伝えしておきます。

韓国銀行は、マスコミ側に「延長が霧散したなどの表現はやめてほしい。まるで延長できなかったみたいではないか」と話していますが、どうみても延長「できなかった」のではないか、そんな指摘もあります。

韓国銀行は二〇二〇年十二月十六日、米国連邦準備制度理事会（ＦＲＢ）と締結した通貨スワップ契約は、満期日である今年十月三十一日で終了することとなったと発表しながらも、韓銀は、「国内外の金融・経済状況が危機から抜け出して安定を維持できている」

ことを強調しました。言い換えれば、もう何の問題も無いので、通貨スワップを続ける理由がないとの説明です。すなわち、延長できなかったのではなく、延長しなかった、する理由がなかった、と言うのです。

しかし、韓国の保守系ネットメディア「ペン アンド マイク」は、この点について疑問を提起しています。米国との通貨スワップは延長「しなかった」としてからわずか一週間後の二十三日、韓国銀行は、米国の常設臨時レポ機構（Foreign and International Monetary Authorities Repo Facility）の「FIMA（買い戻しの条件付きで「米国債」を担保にし、ドルを借りること）」に参加、必要な時に利用することにしたと発表しました。

ペン アンド マイクは十二月二十八日の記事で、「FIMAをやると発表する一週間前に、FIMAより制限が少ない通貨スワップを『延長する必要がない』と発表した理由は何なのか」と疑問を提起しています。一部の専門家から、「それは、通貨スワップは延長『できなかった』からではないか」という指摘が出ている、とも。

この件もまた、尹錫悦（ユンソンニョル）政権でも引きずっている問題ですので、このまま記事を引用してみます。

〈……それから一週間後、矛盾が出てきた。韓銀が二十三日、Ｆｅｄ（米国の連邦準備制度）と「常設FIMA Repo Facility」を必要に応じて利用することに合意したと発表したためだ。ドルの流動性が不足した場合、韓銀が外国為替保有額の一部として、保有している米国国債を担保として提供すれば、Ｆｅｄがドルを支給してくれるというものだ。「ＦＩＭＡ」は、Ｆｅｄが外国の中央銀行などが保有している米国債を買い戻しの条件付きで買い入れ、米ドル資金を外国中央銀行などに供給する制度だ。昨年三月、新型コロナパンデミックに対応し一時的に導入したが、七月二十七日常設化された。導入当時は、米国と通貨スワップを結ばなかった新興国が、ドル流動性供給の窓口として主に活用した。

ＦＩＭＡとは異なり、通貨スワップ協定を締結した国と米国は、必要に応じて自国通貨を相手中央銀行に任せ、それに対応する外貨を借りることができる。ドルの確保がその分、簡単になるのだ。ＦＩＭＡを活用するのは、米国と通貨スワップを結ばない新興国であるという点で、外国為替市場のリスクに対する安全装置としては、ＦＩＭＡよりは通貨スワップが優先だというのが、金融界の基本認識だ。あえて通貨スワップを終了し、代わりにＦＩＭＡを活用する理由など無いという指摘が提起されている。

二十三日、韓国銀行のイ・ジュヨル総裁は、「物価安定目標運営状況点検説明会兼記者懇談会」にて、質疑応答で「通貨スワップ終了の背景」に関する質問を受けると、「(韓米通貨スワップが)霧散したという用語は適切ではない。延長しようとしたが失敗したというニュアンスのようだ」と答えた。中央銀行の首長が「幽体離脱話法」をしたのだ。これに対して学界では、「韓米通貨スワップ六百億ドル延長は、『否決された』という表現がより適切だ」という指摘が提起されている。韓国銀行が公式に明らかにはしなかったが、「韓米通貨スワップが延長されなかったのは、米国側の否定的な気流があったからだ」という話が、韓国銀行関係者たちの口から少しずつ漏れ出ている……〉

幽体離脱話法とは、韓国社会の様々な場面で活躍(?)する新造語で、「とんでもない答えをする」「自分のことなのに他人のことのように話す」などの意味です。

【二〇二二年一月二十二日】竹島が印刷されたギフトで挑発

韓国では、ソル（旧暦の一月一日）や秋夕（旧暦の八月十五日でお盆のような日）を名節と呼び、大いに祝います。普通、この時期には大統領も夫婦名義で各国大使館にプレゼントを贈りますが、二〇二二年ソルのプレゼントのパッケージに竹島（韓国で言う独島）の絵が描かれていて、大きな騒ぎになりました。

日本大使館はこのプレゼントを受け取らずに返送、強く抗議し、同じプレゼントを受け取った韓国で働く日本側の記者たちも返送したりしました。日本大使館にこんなものを「ギフトとして贈った」こと自体、韓国の反日思想というのがどれだけ一方通行なのかをよく表しています。

これは、韓国に「韓国は反日ではない。なぜなら、もっとも中立的で正しいことだけを言っているから」と本気で思っている人が多いのと同じ現象でもあります。こちらは正しいから、相手に対して何をしてもいいという心理になるわけです。この関係こそが、韓国の言う「未来志向」のあるべき未来の姿でもあります。

さらに問題なのは、韓国はこの自分勝手な『正しい』を世界で共有されることを望んでおり、今回もまた、日本だけでなく各国大使館に同じ絵のものをプレゼントしました。こんなものを日本大使館に贈った側面「だけ」がクローズアップされがちですが、各国大使館に、大統領夫婦名義で領土挑発したということ、これが「さらに」問題でしょう。ちなみに、贈り物の中身は、酒、栗などです。

〈……ソウルに駐在する日本の相星大使にもこうしたギフトが届けられたということですが、日本大使館は二十一日に受け取りを拒否し、ただちに返送したことを明らかにしました。そのうえで韓国側に対し、竹島の領有権に関する日本の一貫した立場を改めて伝え、強く抗議したということです。日本は「竹島は歴史的事実に照らしても、かつ国際法上も、明らかに日本固有の領土である」としています。竹島をめぐっては、去年十一月に韓国警察庁の長官が上陸したことを受けて、日米韓三ヶ国による外務次官級の協議の共同記者会見が急きょ中止となったほか、先月には韓国軍が周辺海域で訓練を行い、日本側が抗議しています（一月二十二日、ＮＨＫ）〉

当時、韓国各メディアは、「独島を連想させる絵」という表現を使いました。「竹島の絵

（のギフト）を贈った」事実そのものを否定していたのです。すなわち、賛否を公論化する必要はない、これが竹島だという確証があるのか、そんなスタンスです。日本側の抗議はもちろんのこと、万が一にも韓国内で「いくらなんでも日本大使館にこんな絵を贈ったのは、やりすぎだ」という意見が出てくるのを、防ごうとしているのでしょう。

特に聯合ニュース（同日）は、「日本が、日の出と島なのに、独島を連想させる絵だと『駄々をこねている』」という記事を載せたりしました。

ネットで、〈韓国大統領から「竹島」模様入りギフト 日本大使館 返送し抗議〉と検索してみてください。NHKの記事がヒットするはずです。そのシルエットがどんなものに見えるのか、まだ未見の方は、御覧ください。

ちなみに、絵の右側、人工的な建造物に見えるものが、韓国の独島警備隊施設です。李明博（イミョンバク）大統領が急に上陸したこともそうですし、文政権でのこの騒ぎや、岸田総理が就任式に出席しなかった後に、尹政権が日本EEZ内で無許可で竹島周辺海洋調査をしたこと、などなど、この竹島は、各政権で日本への『いやがらせ』の道具とされています。

【二〇二二年一月二十四日】竹島が印刷されたギフトを米軍機関紙が報道

現地時間で二十四日、米軍の機関紙格となる「Stars & Stripes（星条紙、星条旗新聞）」という新聞が、竹島を「紛争島嶼（とうしょ）」とし、日本大使館が韓国大統領の贈り物を拒否した件を報じました。できる限り言及を控えてきた今までの米国国務省のスタンスとは、かなり違う反応でした。新聞の独自路線でしょうか、それとも、「大使館が国家元首の贈り物を拒否した」という強烈なインパクトによるものでしょうか。

【二〇二二年二月一日】佐渡金山の世界遺産推薦に反発

佐渡金山（佐渡島（さどがしま）の金山）の世界遺産推薦が、閣議決定されました。この佐渡金山、韓国は併合時代に違法な強制労働があったとして、日本側にずっと世界遺産として推薦してはならないと主張していました。一時は推薦を保留するのではないかという話もありましたが、無事、推薦され、登録を目指すことになりました。

登録の可否は、21ヶ国からなる世界遺産委員会が判断します。全会一致が原則ではありますが、一部の国が反対意見を出し、それが調整できなかった場合、三分の二以上の賛成でも登録出来ます。日本政府は、この三分の二を狙っていると聞きます。

この件、端島（別名「軍艦島」）でもそうでしたが、実は日韓関係の根本でもある、「併合は合法だったか、違法だったか」に触れる、日本としては負けられない事案であります。

二月一日の聯合ニュースに、そういう趣旨を話す専門家の説明が載っていたので、紹介します。韓国では基本的に「違法」としていますが、どちらかというと、この話が出てくること自体を控える（議論になること自体を避けたがっている）雰囲気があり、韓国側の記事で、併合の合法・違法に関してここまでハッキリ書かれるのは、意外と珍しいことです。

〈……この問題をめぐっては、日帝強占期（※併合時代を意味する北朝鮮発の言葉、以下併合時代とします）に行われた朝鮮人労働者の動員がどんなものだったかについて、本人の意思に反した「強制労働」だったという韓国の立場と、強制労働に該当しないという日本政府の主張が激しく対立し、妥協の余地を見つけるのが難しい状況だ。

日本政府は併合時代一九三九年から段階的に進められた募集、官斡旋、徴用による朝鮮人労務動員が、太平洋戦争前に日本も加入していた「強制労働に関する条約（Forced labor Convention）」上の「強制労働」には該当しないと強く主張している。本人の意思とは無関係に徴集形態で連行された徴用すらも、国際法で許容される戦時動員だというのだ。特に、二〇一五年の世界遺産登録過程で議論になった端島、別名軍艦島の炭鉱と同様に、佐渡鉱山でも国際法が禁止する強制労働はなかったという主張を繰り広げている。

そんな中、西岡力・麗澤大学客員教授は最近、産経新聞への寄稿文で、「一九三九年から行われた戦時動員で、合計1519人の朝鮮人労働者が佐渡鉱山で働いた」とし、「66%の1005人は、佐渡鉱業所の募集担当者の現地募集に応じたものだ」と主張した。彼は、第一次募集に、ある村で20人が割り当てられたが、約40人の応募が殺到するほど人気があったと主張した。

併合時代の労務動員に問題がないという日本政府の認識について、韓日文化研究所長のキム・ムンギル釜山外国語大学名誉教授は、朝鮮併合を合法と見るためだと説明した。日本は植民地だった朝鮮人を強制的に動員して労役させたことに対して国際法的に問題がないという「日鮮同調論」を主張し、韓国は併合自体を不法として見るため、強制動員をめぐる認識に差が生じたというのだ。キム教授は、結局、佐渡鉱山世界遺産登録審査の過程では、併合が違法なのかをめぐる根本的な問題が再び浮上するだろうとし、韓国政府レベルでこれに対する準備を徹底しなければならないと助言した〉

日本政府のほうこそ、準備を徹底してほしいところです。

【二〇二一年三月一日】韓国建国の日は本当はいつなのか

文在寅大統領の、最後の三一節演説がありました。併合時代だった一九一九年三月一日、大規模デモが始まった日、となっています。韓国が憲法で国家の母体としている「臨時政府」が始まった、とされる日でもあります。

李承晩（イスンマン）初代大統領などは、公文書でも韓国の建国時点を一九一九年から数えました。なぜなら、併合は違法的なもの、すなわち日本は朝鮮半島を違法占領していただけで、真の政府は臨時政府だった、だから臨時政府がスタートした一九一九年を、韓国の建国年にする、という意味です。

韓国ではこの臨時政府こそが朝鮮半島の正式政府であり、だから日本との併合は無効だ、というとんでもない歴史観が、聖域となっています。併合（一九一〇年）から一九一九年三月一日まで間があるのは誰も指摘しません。

また、臨時政府を名乗るところが多すぎで、統合するまで結構時間がかかり、臨時政府樹立記念日というのは別にあります。

言うまでもなく、米軍だろうと連合軍だろうと、朝鮮半島の統治権が「日本から臨時政府へ」渡ったと認識したことはありません。あくまで、終戦により日本から米軍（連合軍）側に統治権が渡り、朝鮮半島で三年間の軍政が始まり、それから総選挙で大韓民国が（一九四八年に）建国、というのが現実です。

実際、一九四五年十一月十九日、臨時政府の「主席」だった金九（キムグ）氏が、中国駐屯米軍司令官であるWedemeyer氏に書いた手紙がまだ残っていますが、そこにはこう書いてあります。「私を含め、大韓民国臨時政府（※終戦の頃には、臨時政府は中国の重慶にありました）のメンバーたちが、航空便でＫＯＲＥＡに入国することに関連し、私は、私たちが公人としてではなく、間違いなく個人として入国が許可されたことを、十分に理解しているとここに証明します。さらに、私たちは韓国に入国し、集団的にも、個人的にも、行政的・政治的権力を行使する政府としては機能しないことを誓います。私たちの入国目的は、米軍政が韓国人たちのために秩序を確立することに協力することであります。あなたの配慮と考慮に、本当に感謝致します。（二〇一九年一月二十日、ハンギョレ新聞）」。政府扱いを受けていたなら、こんな手紙を書く理由はなかったでしょう。

どうも事実とは違う歴史観ではありますが、三一節は韓国の生まれに関わる日であり、この日の大統領演説は、格別な意味を持ちます。この日の演説は、ほとんどが自画自賛、文政権で韓国の国際的な「地位」が高くなったという内容ばかりでしたが、日本関連の内容ももちろんありました。以下、当時の演説全文から、日本関連の内容だけまとめてみます。

「私たちがより強くなるために必ず必要なのが朝鮮半島の平和です」「三・一独立運動には、南と北の区別はありませんでした」「様々な勢力が臨時政府と力を合わせ、左・右を統合する連合政府を成し遂げました」「抗日独立運動の本体は、民族の団結と統合でした」

「臨時政府傘下で一つに統合された光復軍（※臨時政府の正規軍とされる組織）は、抗日独立運動史に輝く跡を残しました」「韓日関係を超えて、日本が先進国としてリーダーシップを発揮することを、心から願っています。そのためには、日本は歴史を直視し、歴史の前で謙虚でなければなりません」「かつて不幸だった過去のせいで掘り返されてしまう隣国国民の傷に共感できる時、日本は信頼される国になれるでしょう」。

これでも、かなりマイルドなほうです。二〇二三年三月一日に尹錫悦大統領がどんな内容を話すのか、比べてみたいと思います。

【二〇二二年三月二日】自由民主主義陣営から取り残される韓国

ロシアのウクライナ侵攻が深刻化し、日米EUなど自由民主主義陣営が一致団結し、その結果、世界は「陣営」がハッキリ分かれるようになりました。三月二日のイーデイリーに、「過去には、米国は、インド太平洋戦略の核心国家として韓国と日本を挙げていたが、今はオーストラリアと日本を挙げる」という一行が載っていました。

この頃、ウクライナ侵攻と相まって、韓国の外交に関する記事を特に集中的に読んでみましたが、この一行ほど的確に現状を捉えた文章も、珍しいと思いました。この記事が出てから二ヶ月半後、韓国のクアッド加入は、また実現しませんでした。

〈……韓国は既存の外交基調を見直す必要性が大きくなった。今の韓国は、中国が台湾に武力を使った場合、どのような立場を取るのかさえ、明らかにしていない。米国が韓国を見つめる視点を変えることは、特に緊急だ。韓国は米国・日本・インド・オーストラリアの安保協議体クアッド（ＱＵＡＤ）にも、米国・イギリス・カナダ・オーストラリア・ニュージーランドの機密情報同盟体ファイブアイズ（Five Eyes）にも属していない。今回のウクライナ侵攻に関しても、日本のように米国を積極的に公開支持したわけでもない……米国からすると、韓国の態度は曖昧すぎる。キム・ヒョンウク国立外交院教授は、「朴槿恵政府以来、韓国に対する米国の見方が変わった。過去には、米国は、インド太平洋戦略の核心国家として韓国と日本を名指ししていた。しかし、今は、オーストラリアと日本を言及している。これが、米国が見ている韓国の現住所である」と説明した。キム教授は続いて「私たちの地政学的な位置、米国の中国牽制などを勘案すれば、韓米同盟を強化する方向に戦略を修正しなければならない。すでに昨年五月、韓米首脳会談でそうすることにしたのに、それから進捗が無い」と強調した……（同日、イーデイリー）〉

こういう意見が、尹政権の耳にももう少し届くといいのですが。あとで本書でも指摘しますが、どうやら尹政権の路線は「中国との関係を考えインド太平洋問題には関わりたくない。米国との関係は、対北問題で親密さを強める」というもののようです。

【二〇二二年三月九日】尹錫悦大統領の誕生

尹錫悦氏が、大統領に選ばれました。48・6％対％47・8％という、大接戦でした。それでは、時系列でまとめる第一部はここまでにして、ここからは尹政権（まだ大統領に就任する前のことも含めて）についての、第二部へと参ります。

第四章

「共に」という言葉で日本に責任を押しつける韓国

「岸田文雄(きしだふみお)総理の表情から日韓首脳会談の希望が見えた」

第一部では時系列に合わせて進めてきましたが、第二部のはじまりはちょっと飛んで、二〇二二年六月二十九日の、とある騒ぎから始めてみます。当時、日本と韓国の首脳が、初めてNATO首脳会談に招待され、出席しました。他にもオーストラリアとニュージーランドが招待され、日本の岸田首相が四ヶ国首脳会談を主催したのは記憶に新しいところです。

そのNATO首脳会談と前後して、またもや日韓首脳会談騒ぎがありました。韓国側のメディアは、ほぼ間違いなく日韓首脳会談が正式に開かれるとしていました。六月中に朴振(パクジン)外交部長官が訪日して議題を調整し、それから六月二十九日、三十日にスペインのマドリードで開かれるNATO首脳会談で、日韓首脳会談が行われる、そうならない理由がない、そんなスタンスでした。

しかし、日本が韓国に要求しているのは、「国家間の約束を守るため」国際法違反状態の現状を何とかするための解決策を提示せよ、ということです。日韓の懸案は無数にありますが、特に重要とされるのは、旧朝鮮半島出身労働者問題、日本企業の韓国内資産売却問題です。本件については第五章でまた述べますが、これは両国関係の戦後処理の基本となる基本条約（特に日韓請求権協定）違反であり、この問題を是正する責任は韓国側にある。これが、日本の主張です。

しかし、韓国側は何もしませんでした。何もしないから日韓関係に進展があるはずはなく、進展がないから首脳会談ができるはずもありません。NATO首脳会談では、日韓首脳会談は「正式」はおろか、「略式」会談もありませんでした。強弱の差はあれど、文在寅（ムンジェイン）大統領が菅（すが）総理相手に『求愛』していた時と、何も変わっていないわけです。

そんな中、二十九日、韓国の朝鮮BIZ（朝鮮日報系列の経済関連メディア、六月二十九日）によると、韓国大統領室は、「岸田総理と四回も会えた（晩餐会、四ヶ国会談、日米韓会談、NATO同盟国・会員国首脳会談）」としながら、ものすごく浮かれていました。日本側から伝わる内容からは想像もできないほど、楽観的なスタンスでした。岸田総理が尹錫悦（ユンソンニョル）大統領と会って話したことで、「この人となら日韓首脳会談ができる」と分かってくれた、そのように見える、というのです。

なんで「ように見えた」なのかと言いますと、大統領関係者が「岸田総理の表情からそう感じられた」と話したからです。

〈……尹大統領と岸田首相は二十九日（現地時刻）まで晩餐、AP4（韓国・日本・オーストラリア・ニュージーランド）首脳会談、韓米日首脳会談、NATO同盟国・会員国首脳会議など四回対面した。両首脳の最初の出会いは前日（二十八日）スペイン国王フェリペ6世が主催した晩餐会だった。岸田首相が先に尹大統領に近づいて挨拶を交わし、事実上略式会合に近い四分間対話を交わした。両首脳は一声で両国関係の改善の重要性に言及した。特に尹大統領は「（七月十日）参議院選挙が終わった後、韓日間懸案を早速解決して未来志向的に進む考えを持っている」と話した。

当初、NATO首脳会議をきっかけに韓日首脳会談が開かれると観測されたが、日本側が来月十日に実施される参議院選挙を控えて負担を感じたことが分かった。尹大統領がこれを控えめに言及し、選挙後の関係改善にスピードを出すという意志を明らかにしたのだ。「未来志向的」という表現は、両国間の懸案の解決法を本格的に模索するという意味を示したものだとの観測も出ている。

岸田首相は「尹大統領が韓日関係のために努力してくれることを知っている」と期待感を見せた。続いて「韓日関係がより健康な関係に発展できるように努力しよう」と両国関係の早急な正常化を再び強調した。

大統領室関係者はこの日、記者たちと会って、「私が見たところ、ボトムアップではなくトップダウン方式（※閣僚クラスから変えていくのではなく、首脳が決めて変える）の雰囲気だ。両国共に、首脳同士では問題を解決する準備がもう出来ているのだ」とし、「残された課題は、各省庁がどれほど心を開き、率直な対話を発展させるかだ」とした。この関係者は岸田首相の反応について「選挙を控え、韓国と会談した場合、国内政治的に負担があるのではないかと悩んでいた首相が、韓国大統領を現場で見て、話を聞いて、選挙が終わった後ならいくらでも会って実務協議で解決していく姿勢になっているということを、日本側が悟ったようだ」と解釈した。続いて「私たちも日本側が慎重しすぎるのではないかと思ったが、日本の首相を見ると、かなり開放的であり、韓国に対して期待も大きく、うまくやっていきたいとする熱意が、表情から感じられた」と伝えた……（六月二十九日、朝鮮ＢＩＺ）〉

大統領室関係者にとって、そう思う根拠は『表情』である、といったところでしょうか。いや、そう見えたなら別にいいけど、普通に「良い雰囲気で会話できた」ぐらいにしておけばいいものを、どうしてここまで話すのか、よく分かりません。追い込まれているのでしょうか。

『共に（しよう）』というキーワードで、韓国は日本からの譲歩を引き出そうとする

とりあえず、ここからが本題ですが、引用部分、岸田総理が話したという部分、「（努力）しよう」に注目してください。大統領室関係者はこの発言にすごく浮かれていたようですが、実はこれ、全然違います。

同日、産経新聞の記事によると、日本側は大統領室の発表に対し、いわゆる「そんなこと言ってない」な展開を見せています。朝鮮ＢＩＺの記事にも載っていますが、韓国大統領室が岸田総理の発言をどう発表したのか、中央日報の記事から振り返っておきたいと思います。同じく、同日のものです。

〈尹錫悦大統領がスペインのマドリードで岸田文雄首相と初めて対面した。両国首脳は二十八日（以下現地時間）午後八時三十分、スペイン国王フェリペ6世が主催した歓迎晩餐会に参加し、三～四分ほど会話を交わした。大統領室によると、岸田首相が尹大統領のほうに来て「大統領就任と地方選挙の勝利を祝う」と挨拶を交わした。すると尹大統領は「岸田首相も参議院選挙で良い結果が出ることを祈る」とし「参議院選挙が終わった後、韓日間懸案を早速解決して未来志向的に進む考えを持っている」と答えた。これに岸田首相は「感謝する」とし、「尹大統領が韓日関係のために努力してくださっていることを知っている」と話した。それと共に「韓日関係がより健康な関係に発展できるように努力しよう」と付け加えた……〉

それでは、ここからは産経新聞の記事です。

〈………首相は二十八日、現地で開かれたスペイン国王主催の夕食会の際、尹氏と短時間会話した。韓国大統領府によると、首相から声を掛け、尹氏の就任や統一地方選での与党勝利を祝福。尹氏は来月十日投開票の参院選で「良い結果をお祈りする」と応じた。さらに首相が「日韓関係がより健全な関係に発展できるよう努力しよう」と呼び掛けたという。

これに対し、日本側は、首相が尹氏に「非常に厳しい日韓関係を健全な関係に戻すため尽力してほしい」と求めたと発表した。外務省関係者は「会談での相手の発言は言わないのがルールだが、あまりに事実関係に反しているので発表した」と説明する。今回、政府はＮＡＴＯ首脳会議に合わせた日韓首脳会談の開催を見送る方針だ。

文在寅政権からの交代をきっかけに、韓国側には対面の日韓首脳会談への期待があったが、日本側は慎重姿勢を崩さなかった。背景には、韓国側が尹氏の就任後も、徴用工訴訟や慰安婦問題などで具体的な解決策を示していないことがある………「会談したいと言ってくるが、何の解決策も示さない。ふざけている」。日本政府高官は自国の主張を押し付ける韓国側への不満を漏らした〉

いろいろありますが、個人的には、やはり「しよう」がポイントだと見ています。五月に日本を訪れた「政策協議団」の頃から、韓国側は『共に（共に努力しよう）』を主張しています。日本「も」何かをしろ、というのです。

政権（政権が公式に始まる前の「大統領職引受委員会」まで含めて）関係者がこのことを公言したのは、三月十八日に開かれたセミナーからです。尹錫悦氏の外交顧問であり、後に政策協議団のメンバーにもなるソウル大学国際大学院教授パク・チョルヒ氏が、「韓国が正解を持ってきたら、日本が採点するというアプローチは、通用しないだろう」。「関係進展は韓国の努力だけでできるものではなく、日本も共同で努力すべき部分がとても多い」と話しました。

詳しくは、十八日、大手シンクタンク世宗（セジョン）研究所の「日本研究センター」が、日韓関係に関するセミナーを主催しました。その際、尹大統領（当時は当選人）の外交顧問パク・チョルヒ教授は、「尹政府は、日韓関係改善のために積極的に出ることだろう」と強調しながらも、いわゆる両非論、日本側と韓国側の両方に問題があるとしました。

ちなみにここでいう「韓国側」とは、韓国そのものではなく、文在寅政権のことです。尹政権はその問題を克服しようとしているだけで何も悪くないから、日本も共に努力しろ、というのです。

実際、パク教授はセミナーで、韓国側の問題はすべて文政権のせいであるとも強調しました。「文在寅政権は、日韓関係に複数の問題を起こしておいて、政治的負担が重くなると、無責任なことにそれらを放置した」「尹政権はそれらを解決するための策を探るだろうし、それは韓国の他の国との外交のためでもある」と。

パク教授は、「文政権の外交は必要以上に北朝鮮にだけフォーカスを合わせているものだったので、その外交の範囲を広げるためにも、まず日韓関係の改善が必要だ」とも言いましたが、これは、一九六〇年代、朴正熙(パクチョンヒ)政権でも似たような主張がありました。日本と外交関係を結ばないと、韓国の外交は北朝鮮との問題に絞られるしかなく、国際情勢へ能動的に参加することは難しくなる、という内容です。それをなんとかするために朴正熙政権は、国内の強い反対を力でねじ伏せてまで、日韓外交関係を樹立しました。

ここまで文政権の問題を指摘しながら、パク教授は、その問題を「韓国の問題」とはしませんでした。尹大統領が主張している「一括妥結」を支持しながら、「懸案が多すぎて、一つずつ解決しようとしたら、政権五年が終わってしまう」とし、「大胆で包括的に解決すべきだ」としながら、そのために、「韓国が正解(解決策)を用意してきたら、日本がそれを採点するというアプローチは、通用しない」「関係の進展は韓国の努力だけによるものではなく、日本も共に努力すべき部分がとても多い」と話しました。先の「しよう」もそうですが、これらの発言の部分は、特に翻訳に気をつけています。また、各発言は、三月十八日の聯合ニュースの記事からの訳となります。

いたるところで頻発する「共に」

そして三月二十八日、相星孝一（あいぼしこういち）駐韓日本大使と会った尹大統領は、「韓日関係は未来志向的に必ず改善になり、過去のように良い関係が緊急に復元されなければならないと考えており、両方ともに多くの努力が必要だと思う」「互いに意見の違いがあり、一見、解けにくいような問題もあるが、真正性を持ってお互いに話し疎通し会話すれば、それほど難しい問題ではないと思う」と話しました。「両方ともに多くの努力が必要だ」とし、全く同じ趣旨を話したわけです。それからも、政権関係者たちは、「共に」を強調しました。

四月、尹錫悦大統領が派遣した政策協議団が日本を訪問しましたが、その際にも同じことがありました。二十六日、岸田総理は政策協議団の面会を受け入れましたが、総理は「韓日関係改善はこれ以上待ったなしの緊急の懸案」としながらも、旧朝鮮半島出身労働者問題を先に解決しなければならないという立場を固守しました。その時も、政策協議団はまた「共に」を主張しています。同日、京郷新聞の記事です。

〈岸田首相は……現在の国際情勢において、韓日、韓米日三国の戦略的提携がこのように必要だった時はなかったとし、「韓・日関係の改善はこれ以上待ったなしの懸案」と話した。また一九六五年の国交正常化以来築いてきた日韓の友好協力関係の基盤に基づき日韓関係を発展させていく必要があり、そのためには旧朝鮮半島出身労働者問題を始めとする日韓間の懸案の解決が必要である旨を述べました。政策協議団はこれに「韓・日関係を中心としており、関係改善のために共に協力していこうと言った」と答えた……〉

一見、共に努力するというのは、それっぽく見えるかもしれません。しかし、その本質は、「現状（条約、合意が守られずにいる状況）の原因を提供したほうが、むしろ得をするためのもの」でしかありません。

すなわち、現状においての問題を起こし、復元する責任のある方が、「復元するから、プラスアルファをくれ」と言っているようなものです。その復元、すなわち「解決策の用意」は、決してプラスアルファ、何かの得のためのものであってはなりません。
幸い、今のところ、日本政府はこの「共に」という毒餌にちゃんと注意を払っているように見えます。政策協議団が訪日した際にも、日本側は「共に」に何の反応も示しませんでした。

〈……日本の歓待に込められた本音を把握するには、まだ早い。重要な案件である、過去に関する懸案と関連して、韓国が解決策を用意するという日本政府の態度は少しも変わっていないためだ。日本政府は今回の面会などで特に現金化問題を取り上げた。岸田総理から直接取り上げ、ほかの政府関係者たちも、現金化措置に強く問題を提起したことが分かった。それに、問題解決のための日本の役割については、一言も言及しなかった。「韓日関係を放置しない」という代表団の宣言的な修辞には共感しながらも、各論では全く譲歩するつもりはないということだ。次期政権が日本の本音を読み間違えると、民間分野での人的・物的交流が遅れるのはもちろんのこと、韓国自ら各懸案において不利な位置に追い込まれる結果を招く可能性があるとの懸念も出ている……（四月三十日、韓国日報）〉

六月二十九日に外務省が総理の発言を公開したのも、他にいろいろ理由はあるでしょうけど、私は「しよう」を気にしてのことではないのか、そう見ています。

心や表情だけでなく、国際法の遵守（じゅんしゅ）が関係改善の第一歩

ただ、やはり気になる部分はあります。政策協議団が訪日したもっとも重要な理由は、岸田総理を尹当選人の大統領就任式に招待するためだった、と言われています。自然な形で首脳会談を開催するためです。この点、「関係者の話」などの形で多くのメディアが報じましたが、政策協議団側が公式に認めたことはありません。結果的に、政策協議団はこの「任務」に失敗しました。大統領就任式には、日韓議員連盟など国会議員と、林芳正（はやしよしまさ）外相が参席しました。その際、就任式に参席して尹大統領を表敬訪問した議員の一人、武田（たけだ）良太（りょうた）議員が、「日本もやることがある」という趣旨の話をしたことがあります。

〈……武田日韓議員連盟幹事長は、尹大統領の韓日関係改善意志を肯定的に評価した後、「首相も韓日関係の健全化を期待できると感じているようだ」と話した。それと共に「首

脳会談の実現が本格的な関係改善に繫がってほしいと願う」とし、韓日関係改善に対する期待感を表明した。彼は韓日関係改善のためには日本側の協力が必要だという韓国側の立場については、「日本側に協力を求めたいことがあれば、柔軟に対応する意義がある」とし「日本側も努力するのは当然だ」と明らかにした……（六月七日、ファイナンシャルニュース）〉

武田議員がこの「共に」主張にどんなスタンスをお持ちなのかは分かりませんが、このような発言はもう少し慎んだほうがいいだろうと、私は思っています。

国際法を遵守することこそが、国家関係の基本であります。基本なしの改善など、虚しいだけ。日本が今のスタンスを貫いていくことを、切に願います。

第五章　何度も蒸し返される請求権問題

「完全かつ最終的に解決された」とは思っていない韓国

本章では、旧朝鮮半島出身労働者問題、いわゆる「現金化問題」について、尹政権がどんな策を講じているのかを論じます。日韓の間には、他の懸案もいろいろありますし、率直に言ってありすぎて困りますが、その中でもっとも重要で、もっともタイムリミットが厳しい案件を一つだけ選べと言うなら、それは旧朝鮮半島出身労働者問題、韓国で言う強制徴用問題でしょう。

もはや説明不要とされるほど、「懸案の王様」のようになりましたが、二〇一八年十月三十日、韓国の大法院（日本で言う最高裁判所）は、旧・新日鉄住金（日本製鉄）に、併合時代の朝鮮半島出身労働者たちに対する賠償を命じました。それから原告、自称被害者は増え、他の日本企業にも賠償判決が相次ぎ、日本企業の韓国内資産の一部が差し押さえられています。二〇二二年八月現在、これを売却、いわば現金化する手続きが進んでおり、早ければ秋あたりには、一部の売却が行われるのではないか、と言われています。

日本と韓国が一九六五年に基本条約によって外交関係を樹立した時、日韓の間の請求権は完全に解決済みとなりました。一部、当時の協定の際に議論しなかった事案があるとか、請求権協定で日本が韓国に払ったお金が「賠償（違法的なことに支払う）なのか、補償（違法的なことに対する支払いではない）なのかについては両国間に今でも異見がある」とかの理由で、日本から韓国への賠償は済んでないと、そんな無茶な主張をする人たちもいます。

しかし、それは条約をちゃんと読まなかったことによる誤謬か、それとも人為的なミスリードでしかありません。当時の請求権協定二条の一を読んでみると、それは「お金がどんな性格のもので、どんな事案に対するものか」に関するものではなく、「両国の間の」やり取りそのものに関するものだと分かります。

〈両締約国は、両締約国及びその国民（法人を含む）の財産、権利及び利益並びに両締約国及びその国民の間の請求権に関する問題が、一九五一年九月八日にサンフランシスコ市で署名された日本国との平和条約第四条（ａ）に規定されたものを含めて、完全かつ最終的に解決されたこととなることを確認する〉

「完全かつ最終的に解決された」は有名なフレーズですが、では、「何が」解決されたのか。「両国の間の」請求権に関する問題が解決されたとなっています。だから、お金の性格とか、どんな事案が入っているとかいないとか、そういう問題ではありません。

主に国家の経済主体とは政府、企業、家計を言いますが、その国家の間の請求権問題は、もう終わったとしているわけです。だから、日本は韓国に、韓国は日本に請求できません。何か不完全な部分があるとすると、それはそれぞれの国の国内で処理すべき問題なのです。

戦後の日韓関係はこの基本条約、及び日韓請求権協定にもとづいて発展してきたものであり、日本はもちろん、歴代韓国政権も、反日政策で有名だった左派系大統領盧武鉉（ノムヒョン）氏すらも、旧朝鮮半島出身労働者たちに補償する主体は韓国政府であると、認めました。それが、二〇一八年になって、完全に破壊されてしまったわけです。

韓国側は、三権分立を言い訳にして「これは裁判所が判断した問題なので、政府はどうしようもない」としていますが、日本側は「『韓国』という国家の問題」とし、国際法違反であり、この問題を是正する責任は韓国にあると一貫して主張しています。

この「両国間の請求できる権利」が、「完全かつ最終的に解決された」とする内容に、韓国側は決して触れようとしません。ミスなのか、知識が足りないのか、それとも人為的なミスリードなのかは分かりませんが、六月二十五日の聯合ニュースにもまた、同じことがありました。

〈……（※旧朝鮮半島出身労働者問題において、賠償金を誰が払うのかの議論について）誰がお金を払うかを決めるだけで解決されない部分があることに留意する必要がある。例えば、日帝が植民地民衆を当事者の意思に反して動員し、過酷な環境で差別し、その過程で多くの人が犠牲になったという事実を認めて謝罪する、などの問題がある。被害者は真心が込められた謝罪を受けた時、加害者を許し、初めて和解を考えることもできるだろう…………日韓請求権協定には、「請求権に関する問題が（略）完全かつ最終的に解決されたものになることを確認する」という文章がある。これが、日本政府が賠償責任が免除されると主張する根拠だ。だが、このような規定が、歴史を正しく記録する責任まで免除したと見るのは難しい。日本が主張するように賠償責任が免除されるかに関する法律・外交的なことは、いったんおいておくとしようではないか……〉

二ヶ所、目立つ部分があります。一つは、「法律・外交的な部分は、いったん、おいておこう」としておいて、結局その部分については何も書いてないこと。見方にもよりますが、その側面は不利だから、考えてはいけないということでしょうか。というか、条約協定について論じながら、この側面をおいといて何を語るというのでしょうか。

次に、これは本当に多くのメディアが、多分人為的に間違えていますが、超有名フレーズである「完全かつ最終的に解決された」の引用の仕方です。請求権協定の引用に（略）とありますが、これは私が書いたのではなく原文ママです。

ちなみに、私はいつも略には「……」を、自分で注釈などをつける時には「※」を使います。ここは明らかに妙です。拙著でもブログでも同じ趣旨のことを何度も書きましたが、韓国側のメディアは、「『何が』解決されたのか」については決して論じません。

この記事も例外ではなく、完全かつ最終的に解決されたのが「何」なのか。それは、両国共に、相手側の国に請求できる権利に対するものである、ということの部分を、韓国側は必死に隠しています。

尹錫悦（ユンソンニョル）政権で浮上する「ムン・ヒサン案」

さて、日韓の懸案の中でも、核心中の核心とも言えるこの現金化問題。文在寅（ムンジェイン）政権では、日本企業と韓国企業が財団や基金を作って、賠償判決分のお金を原告（自称・被害者たち）に支給するのはどうか、という話をしていました。

しかし、これは韓国政府の責任を一切認めないのはもちろん、日本側の賠償責任をそのまま残している（基本条約の内容に反する）ものであり、事実上、日本企業にも被害が発生するため、日本政府はそのような案には応じることができない、としてきました。大事なのは金額ではなく、その内容、すなわち請求権協定を含めた基本条約に合致するかどうか、なのですから。

韓国側があまりにもこの財団案、基金案ばかり持ってくるから、二〇一九年七月一九日、当時、河野太郎（こうのたろう）外務相が南官杓（ナムグァンピョ）駐日韓国大使に対し、「極めて無礼でございます」と話したのは、韓国情報ウォッチャー（？）たちの間では有名なエピソードです。

さて、尹錫悦政権になってから、この問題に対する韓国政府のスタンスは変わったのでしょうか。何か、文政権とは違う案を用意し、日本政府に働きかけているのでしょうか。ここでは旧朝鮮半島出身労働者関連で、尹政権がどんな案を用意しているのか、それを紹介します。

二〇一九年頃、文喜相（ムンヒサン）案というものがありました。韓国の国会議長出身政治家で、二〇一九年二月七日、ブルームバーグとのインタビューで、天皇陛下（いまの上皇陛下）を「戦犯の主犯の息子」としながら、「その天皇が元慰安婦たちの手を握り、一言でも謝罪すれば、すべて解決される」と発言した人物でもあります。その文喜相氏が提案した「現金化問題の解決策」が、「ムン・ヒサン」案です。いわゆる基金案の一つです。

二〇一九年当時、韓国のマスコミは、なぜか「これならいける」とムンヒサン案を持ち上げました。日本でも、日韓議員連盟の一部の議員が、この案を高く評価していると言われています。

日韓双方から拒否されていた「ムン・ヒサン案」が、どうして再浮上するのか

しかし、日本政府からも、そして韓国内部からも、この案は拒否されました。なぜなら、この案は、表向きには「日本企業、韓国企業、民間寄付」による財団（基金）だと知られていますが、実は、両国政府を巻き込んでいます。すなわち、政府レベルでの基金設定であり、日韓請求権協定に真正面から衝突する案です。恐ろしいことに、この部分は、日本側にも韓国側にも、あまり知られていません。

〈ムン・ヒサン国会議長が提案した解法案、別名「ムン・ヒサン案」の骨子は、韓・日企業（1）と両国政府（2）、国民（α）が参加する、いわゆる「1＋2＋α」式の財団設立案だ……表面上、韓日企業が中心となって財源を設け、不足した金額は両国国民が補完するため「1＋1＋α」と見ることもできるが、実は財団運営・既存基金において日韓政府が保証するのが核心となる（二〇一九年十一月二十七日、中央日報）〉

だから今でも、この案に詳しい国会議員などは、この案を「韓国政府による代位弁済を骨子とする」と話したりします。それっぽく聞こえますが、実は日本政府もその主体として入っている時点で、完全にアウトです。

それに、「韓国政府」も入っているので、これはこれで韓国政府からも却下されました。韓国政府が賠償主体に入っていることは、韓国側、特に原告及び市民団体がもっとも「いけない」とする部分です。彼らは、日本政府による公式賠償を最優先で要求しています。よって、韓国の国会でも公式に拒否され、それから二〇二二年になるまでは、しばらく聞いたこともありません。

ですが、二〇二二年六月になってから、詳しくは「六月に朴振（パクジン）外交部長官が訪日し、同月二十九～三十日のNATO首脳会談での日韓首脳会談を調整する」という報道が出るようになってから、このムン・ヒサン案を取り上げる記事が増えてきました。尹錫悦政権内で、この案を高く評価し、解決案として再浮上している、というのです。

その手の記事の一つ、六月七日、TV朝鮮（朝鮮日報の総合編成チャンネル）の報道から引用してみます。

〈日韓首脳会談開催の前提条件として、日本政府は日本企業の資産現金化を行わないという保障を求めています。尹大統領は韓日関係の改善を公言しましたが、（※この条件を）受け入れるのは難しいという雰囲気である、と知られました……ただし、膠着状態をなんとかするために、最近、政府内ではムン・ヒサン案が解決策として浮上しています。日本企業の資産を売却せず、日本企業と対日請求権資金を受けた韓国企業が共同で基金を造成して補償する案が骨子です。政府高位関係者は「私たちがまず解決策を提案する場合、対日交渉力に打撃を受けることになる」とし「過去のことについての懸案と、輸出管理厳格化を一気に解決することが望ましい」と話しました。続いて「日韓首脳会談の成否は日本

側の誠意ある交渉態度にかかった」と述べました……〉

TV朝鮮は「日本企業と、対日請求権資金を受けた韓国企業が共同で基金を造成して補償する」ことを「骨子」としていますが、違います。先も触れましたが、この案の特徴は、「日本政府」「韓国政府」が入っている点です。日本企業及び市民からの寄付については「自発的な参加」としていますが、日本政府、韓国政府、そして「日韓請求権協定による資金を直接受け取った韓国企業（代表的なのが浦項製鉄ＰＯＳＣＯ）」の参加については、自発的という記述はありません。

尹政権がこの案を日本側に解決策として出し、TV朝鮮の報道通り「輸出管理厳格化まで一気に解決する」と思っているなら、これは、むしろ文政権の時より後退したとも言えるでしょう。文政権でも、基金案やムン・ヒサン案で「輸出管理厳格化まで〜」とは言ったことがないからです。

そして、六月十七日、またムン・ヒサン案が話題になりました。当日行われた、日韓関係についてのフォーラムでのことです。六月二十日の中央日報がこのフォーラムを記事にしていますが、専門家18人が参加したとのことで、この前政策協議団として訪日したメンバーも参加しました。

〈韓日関係改善の期待感の中で、尹錫悦政権が発足したが、実質的な進展は容易ではない。両国の立場が依然として平行線である中、現金化問題が近づいている。十七日、「尹錫悦政権と対日外交」をテーマに開かれた第26回韓日ビジョンフォーラムには各界専門家18人が集まって、現金化問題などの解決法を議論した。フォーラムの参加者たちは、一声で「両国の葛藤を解消する方案はすでに十分に出ている。もう重要なのは実行することだ」と強調した……〉

では、「すでに出ている案」とは何か。少なくとも記事に書いてあるものとしては、ムン・ヒサン案だけです。まず、フォーラムに参加したイ・サンミン共に民主党議員の発言から見てみます。「韓国政府が支払い、日本に求償権を請求する代位弁済方式を通じて、現金化を避けなければならない。代位弁済を骨子とする『ムン・ヒサン案』が、文在寅政権では不発となったが、共に民主党内でも共感する意見が多かった（同記事より）」。

ムン・ヒサン案とともに出てきたこの代位弁済という言葉、そしてイ・サンミン議員の名前。私はこの記事を読んで、「あ、この人、ついに自分で『後で日本に請求する』と認めた」と思いました。なにせ、この人の名前と主張を、拙著やブログで何度も取り上げてきたからです。現金化問題の解決策の一つとされる代位弁済は、基本的には「韓国政府」が弁済することです。今はまだ案が不安定、及び曖昧すぎて、とても解決策とは言えない段階です。ただ、一見すると、「それなら、いいじゃないだろうか」とも思えます。韓国政府が解決する、とも聞こえるからです。

「ムン・ヒサン案」が有効になる条件

しかし、「韓国政府が賠償する」ことを一九六五年の基本条約に合わせるためには、いくつかの条件があります。

まず、日本側（日本企業、日本政府など）の賠償責任という韓国最高裁の判決を有効にしたままでは、韓国政府が代位弁済をしても、解決策としては落第点です。請求権協定を尊重し、日本側の賠償責任を無効にし、韓国政府が賠償支払いの「主体」であることを認め、そして代位弁済による求償権を諦める（あとで日本側に請求しない）なら、少なくとも財団や基金よりは、良い案になれるかもしれません。

でも、韓国側は代位弁済を言い出しながらも、こういう重要なポイントは、隠し、また嘘をついています。以下、今までこの案についてどんなことがあったのか、時系列に合わせて簡単に振り返ってみましょう。

初めてこの話がニュースに出てきたのは、二〇二一年十月六日のことです。同日の韓国日報によると、韓国の国会議員たちが、姜昌一（カンチャンイル）駐日韓国大使とオンラインで会談を行い、そこで現金化問題において「韓国政府が代位弁済して、あとで日本企業に請求する案」という主張が出てきました。

〈……イ・サンミン共に民主党議員は、二〇一八年最高裁判所判決を尊重しながらも日本との関係改善を可能にする方法として、代位弁済方案をより積極的に検討しなければならないと主張した。債務者でない他の人が代わりに弁済し、『求償権』を取得する（※あとで日本に請求できるという意味）ことを意味する……（同日、韓国日報）〉

これは、日本側の責任をそのまま残しており、本件の本質である国際法違反問題を、単なる「お金の問題」に書き換え、責任を逃れ、いやむしろ「韓国政府も努力している」という演出を仕掛けようとしているだけです。日本側からも、これといって反応を示しませんでした。

すると、十月十四日、同じくイ・サンミン議員は、産経新聞からインタビューを受け、この案なら文大統領を説得できるという趣旨で話しながら、こう主張しました。

〈一方、韓国政府が事後に日本政府に賠償金を請求する仕組みについては、「あくまで法的な枠組みだ。韓国政府が実際に『借金を返せ』などと言うと思うか」と述べた（同日、産経新聞）〉

すなわち、日本側にあとで請求したりしない、というのです。先に書いた「求償権を諦める」について言及したこの発言は、言葉通りに受け止めるなら、少し進展があったとも言えるでしょう。でも、これは嘘でした。

それから十月二十日、外交部の国政監査（国会が各機関を監査すること）で、鄭義溶（ジョンウィヨン）外交部長官への質問の中に、またこの案が出てきました。京郷新聞の報道によると、「イ・

サンミン共に民主党議員が、解決策として、韓国政府が日本企業に代わってまず被害者に支払い、後日、日本に請求する『代位弁済』方式を検討することを提案した」となっています。まさに、「すると思うか？　もちろんする！」な展開で、呆れるばかりです。

ですが、他の記事はこの部分をきちんと報じていなかったし、なんだか書き方がちょっと妙でした（読み方によっては、イ・サンミン氏が直接発言した内容なのか、記者が書いた解釈なのか曖昧な部分がある）が、今回のフォーラムでの発言で、ハッキリしました。代位弁済案の主役イ・サンミン氏は、あとで日本に請求する、と考えていることが。

また、彼がムン・ヒサン案は代位弁済として紹介しているのも、注目です。イ・サンミン氏が主張する代位弁済は、「韓国政府が」弁済するという意味です。一見、それっぽく見えます。しかし、実はムン・ヒサン案には、先にも書きましたが、「日本政府」の参加も含まれています。実は両国政府が関わること。これが、この案の「危険性」でもあります。

それでも、イ・サンミン氏は野党（共に民主党）の人だから、尹政権とは関係ないと思う方々もおられましょう。国会通過のためには共に民主党（まだ多数党です）の協力が必要だとする点もありますが、先のフォーラムは政策協議団など尹大統領の側近たちが主に参加していたし、それに、尹政権の新任日本大使も、同じ主張をしています。

日韓合意がうまくいかないのは「日本のせい」とする駐日韓国大使

日本側の記事でないと漢字も確認できませんが……新しく駐日韓国大使に指名された尹徳敏（ユン・ドクミン）氏。中央日報いわく「日本の心が読める人」だそうです（韓国側が心とか正義とかを言い出すと、ろくなことがありませんが）。

日本語もできるし日本側に知り合いも多いとのことで、尹錫悦大統領が候補だった頃から側近の一人だったと聞きますし、この前、政策協議団のメンバーにも選ばれました。ソース記事の時点では「大使指名」でしたが、「大使」とします。尹大統領の立場からすると、この人を大使にしたことは、無難かもしれません。文在寅大統領が候補だった時に保（ほ）坂祐二（さかゆうじ）氏を日本関連顧問にしていたことに比べると、顧問役としてもまだマシだったのではないか、そう見ることもできなくはないでしょう。

この尹徳敏大使について、どうやら「日本政府が安堵している（日経新聞）」などの記事が出ている、とのことで、六月八日のニューシースの記事から引用します。

〈……日本メディアもユン・ドクミン元国立外交院長の駐日大使起用を、関心を持って報道した。朝日新聞は大統領室関係者を引用し、「駐日大使の最も重要な業務は日韓関係の改善だ。大使として関係改善に重点を置くと思う」と伝えた。彼を「ユン大統領の対日政策ブレーン」と紹介し、「前の政権で問題になった韓日関係の改善のために、知日派ユン元国立外交院長の駐日大使起用が前から有力視されてきた」と説明した。日経新聞は、ユン元国立外交院長が去る四月末、韓日政策協議代表団として訪日した時、岸田文雄首相に「新しい政権は一日でも早く韓日関係を一番良かった時期に戻そうとする意志を持っている」とするユン大統領の意を伝えた、と報じた。日経は彼を「過去四年間（日韓）国交樹立以来もっとも良くない状態と言われた日韓関係に、心を痛めてきた人」と紹介した。

新聞は彼が「穏やかで優しい人物で、日本語にも堪能だ。日本にも厚い人脈がある」と説明した。特に「韓国側から大使内定を伝えられた日本政府内からも、『重要な時期にふさわしい人物だ』という安堵の声が流れてきた」と伝えた。読売新聞も駐日大使任命のニュースを伝え、ユン元国立外交院長が「慶應義塾大学で博士学位を受けた韓国屈指の知日派として知られる国際政治学者だ。韓日関係改善を重視するユン大統領の意向を反映した人選」と評価した……〉

ですが、記事の時点からわずか二週間前、尹徳敏氏は日韓合意（慰安婦合意）について、「うまくいかなくなったのは、日本の態度のせいだ」と発言したばかりです。五月二十六日、尹徳敏氏が日本経済新聞が主催した「アジアの未来」というコンソーシアムにオンラインで講演し、その後の質疑応答での発言です。

こちらは同日の中央日報の記事ですが、他にも現金化問題の解決策として、日本企業が参加する財団による解決、韓国政府による代位弁済による解決などを主張しました。

〈……（※講演の後の質問・答弁の際に）彼は「個人の意見である」ことを前提に解決方案の一つと言及したのが、韓国政府の代位弁済だ。裁判所の判決により、日本企業が賠償するようになっているが、これを韓国政府が代わりに弁済する案だ。彼は続いて一九六五年の韓日請求権協定に関連する企業（※当時の協定で特に得をした企業のこと）が自発的に参加する財団を作って、賠償を支援する方法も紹介した。同財団に日本企業が参加するアイデアも付け加えたが、ユン元院長は「問題解決のためには日本との協力が必要で、相当な時間がかかるだろう」と話した。二〇一五年の日韓合意と関連しては、「問題に対して責任のある日本側から、合意の後に『お金（※日韓合意、日本の出捐金）ですべての問題が終わった』というふうな発言が出てきて、世論が大きく反発し、状況が変わってしまった」と説明した。補償と謝罪は、被害者の名誉回復と治癒のための過程の一環であるにもかかわらず、日本側が「補償ですべてが終わった」という見方をしたのが問題だ、という解釈だ……〉

尹徳敏韓国大使は本当に「日本の心が分かる」のか

せっかくですし、この尹徳敏氏が他の案件についてはどう思っているのか、まとめてみました。古い記事は除外し、よく出てくる懸案（慰安婦合意、竹島、旧朝鮮半島出身労働者・韓国内日本企業資産の現金化問題）について、です。

まず、竹島問題について。三つの懸案の中でも、韓国内ではもっとも「異論」が期待できない事案なだけに、尹徳敏氏もマニュアル的な対応をしています。二〇二〇年一月二十一日、日本が「領土・主権展示館」を拡張オープンした時の、ニューシースの記事となります。

〈ユン・ドクミン前国立外交院長は「目新しい状況ではなく、日本が十年以上も竹島を問題視してきたので、新しい挑発とは見にくい」としながらも「実効的に韓国が支配しているだけに、国際紛争地域と照らされることを警戒し、韓国政府が原則を持って冷静に対処することが必要だ」と明らかにした……〉

次は、日韓合意について。竹島とは違って、韓国内でも人によって意見が分かれそうな事案となります。個人的にこれらの見解をまとめながら、尹徳敏氏は朴槿恵（パククネ）政権で国立外交院長だったので、まさか慰安婦合意に反対はしないだろうと思いましたが、そうでもありませんでした。

ソウル経済（二〇一六年一月五日）の記事によると、彼は「合意そのものは評価するが、まだ問題は終わっていない」というニュアンスで話しています。

〈ユン・ドクミン国立外交院院長は五日、「日韓合意の妥結は、いかなる合意よりも進展した内容を盛り込んだコペルニクス的転回」と話した。ユン院長はこの日、国立外交院外交安保研究所日本研究センターが「日韓合意妥結の意味と課題」をテーマに開催した政策セミナーで、このように明らかにした。ユン院長は、「今回の合意は、慰安婦被害者たちが経験した莫大な苦痛と名誉と尊厳の傷を治すにはとても足りないが、両国が同じ船に乗ったと考え、この問題を賢く解決していくことによって、彼女たちの恨（ハン）を晴らし、傷を治癒するという転機にしなければならないだろう」と強調した……〉

ちなみに、恨（ハン）とは、何があっても消えないとされる朝鮮民族特有の恨みのことです。韓国では、民族情緒ということになっています。

続いて、現金化問題の解決策をどう考えているのかについて。結論から書きますと、尹徳敏氏もまた、基金（財団）がどうとか、そんな主張です。二〇一九年七月二十三日の聯合ニュースの記事によると、日本側の企業が道徳的な責任を感じて財団に参加するだろうと話しながらも、WTOを通じて国際的世論を喚起すべきだとも主張しています。

〈ユン・ドクミン前国立外交院長は、（※輸出管理厳格化、韓国で言う輸出規制の件で）文在寅大統領と安倍晋三首相の間に信頼できる外交チャンネルを早急に稼働させ、両国が収容できる案を模索しなければならないと話した。ユン元院長は「政府と韓国企業が中心となった財団を作って補償し、道義的責任を感じた日本企業が自発的に参加すれば、それを歓迎するアプローチを通じて、賢明に問題を解決していけばいい」と話した。彼は「事態が長期化すれば被害を見るのは我が国民で、早期解決が何より必要だ」とし「日本も損をするだろうけど、比率は我々が8、日本が2ぐらいになるだろう」と診断した。彼は「この点で世界貿易機関（WTO）を通じて国際世論を造成する努力をしなければならないが、早く解決するための外交的努力が必要だ」とし、「竹島問題と同様に、この事案も仲裁委に行くことは望ましくないと判断する」と話した……〉

さて、どうでしょう。財団が道義的に～とか、治癒はまだ～とか、そんなこと言っているようでは、大使になろうが大統領になろうが、何の進展も期待できないでしょう。しかも、そんな人でも、韓国内では「日本の心が読める」と褒められるぐらいですから、実に困ったものです。これでも、韓国側では「日本通を大使にした！　手を差し伸べた！」という記事が出そうな気もしますが。

開催されない日韓首脳会談に焦る韓国

「現金化問題について尹政権が考えている解決策」の関連では最後になりますが、不幸中の幸い、尹政権が取り上げている代位弁済などの案について、日本政府の反応は冷たいかぎりだそうです。日本側は反応しないでいる、という雰囲気を伝える記事を二つ紹介して、次の話に移りたいと思います。

「尹錫悦政権でも、解決は難しい」というタイトルで、各記事でよく名前が出てくる、韓国の日本関連シンクタンク「世宗(セジョン)研究所」の陳昌洙(ジンチャンス)日本研究センター長が、ソウル新聞とのインタビューでそう話しました。陣センター長が日本の自民党議員に、最近、尹政権で解決策の一環として取り上げられている「代位弁済」案について話したところ、その議員は「日本がやることは何もない」と答えた、とのことです。陣氏はその雰囲気を、「日本は強硬なスタンスで、現金化問題においては特にそうだ」と話しています。さて、本当なら心強いところです。

〈尹政権が「未来志向的」日韓関係を強調している中、最近、日本を訪問した専門家が、旧朝鮮半島出身労働者問題などに対する日本内部の強硬な雰囲気を伝えた。ジン・チャンス世宗研究所日本研究センター長は二十一日、ソウル光化門のある食堂で「日本は強硬に出ている。尹政権でも難しい状況だと思う」と話した。

彼は「他はともかく、現金化問題においては、(譲歩することが) 一つもないというのが日本の雰囲気だ」と述べた。最近、解決策の一つとされている代位弁済 (韓国政府が弁済し、あとで日本側に請求する) 案について、日本内部では「日本がすべきことは全くない」という立場だと伝えた。彼は「自民党議員にこの話をしながら、日本企業が被害者に会わなければならないのではないか、と話したところ、議員は「何もできない」と話した」と伝えた……(六月二十一日、ソウル新聞)〉

こういう雰囲気が、他の人たちにも知られているから、でしょうか。同じ日 (二十一日)、「急いで改善する必要もないのではないか」という記事が韓国日報に載りました。

他にも、NATO首脳会談 (六月末) で岸田総理と尹大統領との正式会談が難しくなったと報じられるようになった六月中旬頃から、こういう記事も少しずつ増えてきています。

韓国のほうから急ぐ理由はない、日本が相手を尊重する態度を示すべきだ、というのです。当時、韓国では、朴振外交部長官が五月末、または六月に訪日して首脳会談を調整し、NATO首脳会談で日韓首脳会談を開くという流れになっていました。しかし、日本側はこれといった反応を示さず、韓国側は焦りを見せるようになったのです。

〈「朴振外交部長官が六月中・下旬に日本を訪問する」という報道が、先月末に出た。六月末、スペインで開かれる北大西洋条約機構（NATO）首脳会議で、韓日首脳会談を開く問題を議論するためだという説明だった。来月十日、日本参議院選挙を控え、日本政府が首脳会談をしようとは思えないのに、尹錫悦政権がことを急ぎすぎではないか、と感じた。予感は当たった。朴長官の日本訪問は、参議院選の後に延期された（※時期はハッキリしていません）。スペインでの尹錫悦大統領と岸田文雄日本首相の出会いは、立って会話する程度にとどまる見通しだ……

……朴槿恵政権が日本との対話に応じないでいた時、米国は韓国に韓日関係正常化を圧迫し、結局日韓合意がなされた。一方、今回の局面では、関係改善に消極的な方は日本だ。

最近、日本のマスコミは「両国関係を国内政治に利用しない」という尹大統領の発言を浮き彫りにして報道したが、いざその首相が去年の衆議院選挙、今年の参議院選挙など国内政治のため、本格的対話に出てこないでいる。

最大懸案である現金化は、急いで解決できる案件ではない。被害者の苦痛を慰め、賠償金も支払い、日韓関係も悪化させないために、政府は学者や国民と話し合わなければならない。韓国は国際法違反だとばかり言わないで、日本政府は、被害者と韓国を尊重する姿勢を見せるべきだ。東アジア安保危機の中、韓日両国が一歩ずつ退いて関係改善に乗り出すしかない理由も、国民を説得しなければならない。「文在寅政権がやったことを、新政権が回復させなければならない」というレトリックだけで、前進を急ぎすぎると、むしろ失敗してしまう可能性もある（同日、韓国日報）〉

最近はまた、該当日本企業が参加しない財団を作るとか、そんな的外れな話が出ていますが、基本は同じ、日本側（政府、企業、国民）に賠償責任が残ってはなりません。それは、そのまま基本条約の破棄を意味します。財団でお金を払ってもそれは「補償」でしかなく、日本側の賠償責任が判決として残るかぎり、何の意味もありません。

第四章でも同じことを書きましたが、日本としては、他はともかく「一貫した立場に基づく」「国家間の約束を守れ（韓国は国際法違反状態であり、韓国には解決策を用意する責任がある）」というスタンスだけは、これからも守り続けてほしいと願います。戦後処理そのものに関わる問題でもありますから。

第六章　北朝鮮問題を政治利用する韓国

尹錫悦政権における米韓関係・六つの懸案事項

　二〇二二年夏の時点で、尹錫悦政権の「米韓関係」について話すには、少なくとも六つの項目が必要です。まず二つは、二〇二二年の米韓首脳会談前でももっとも話題になった、「米韓同盟のアップグレード（米韓同盟のグローバル戦略同盟化）」と「経済安保」です。

　そして、この二つの案件ほどではないけど、会談前にかなり話題になり、そして会談で何の成果もなく終わった事項が、四つあります。尹大統領本人が言ったわけではないですが、各メディアで話題になっていた「米韓常設通貨スワップ」、本人が大統領候補だった頃から公約していた「韓国のクアッド加入」と「THAAD追加配置」、そして、同じく本人が米韓同盟アップグレードの重要な要素として強調していた「戦術核兵器の再配置」がどうなったのか。この六つの項目です。

　最初の二つは広い範囲での、これからの外交の方向性とも言えるでしょう。まだ失敗とか成功とか言うのはちょっと時期尚早かもしれませんが、今のところ、うまくいかないでいます。米韓同盟アップグレードは「可能性はあるけど、いまのところパッとしない」、経済安保は、第一部の尿素水関連でも書きましたが「できっこない」です。他の四つは、二〇二二年米韓首脳会談で勝敗が決まる案件でした。スワップは「失敗」、クアッド加入は「(二〇二二年夏時点では) 失敗」、THAAD追加配置は「尹政権が公約を取り下げ」、戦術核兵器は「失敗」です。これらは、米国が韓国をまだ信じていないという表れでもあります。

「通貨スワップ」と「経済安保（本当に韓国は経済安保が可能なのか）」は第十章と第十一章で書くことになりますが、他の四つの項目が、なぜ失敗したのか、または現状がどうなのかは、「尹政権の『用北』路線が、的外れだった」という観点から説明できます。

ちなみに、米韓関係においても、日本に関連した話がしょっちゅう出てきます。私が意識してそう書いたわけではありません。記事を読んでみたり、関連した内容を書いたりしていると、どうしてもそうなります。韓国が日本を抜きにして「米韓関係」を話すことはできない立場にある、という意味でもあるのでしょう。

北朝鮮問題を国内だけでなく、対日政策にも適用する『用北（ヨンブク）』

私は、尹政権は『北風（ブクプン）』にかなり期待している、と見ています。北風とは、国内の政治などに、北朝鮮・南北関係の特殊性を利用するという意味です。一般的に、対北政策を強硬なものにすると、保守陣営からの支持率が上がります。それをブーストさせるためには、むしろ北朝鮮も強硬なスタンスを示したほうが、保守政権にとっては役に立つ、というのです。

韓国側はこれを日本にトレースして、「北朝鮮問題で自民党が支持率を上げている」と主張したりもします。一九八〇年代、いわゆる軍事政権の頃には、韓国政府が北朝鮮に、韓国側に軽い挑発をしてくるように頼んでいたという工作説もありましたが、最近はそこまでは無く、単に北朝鮮関連で支持率が上がることを北風と言います。私も、さすがに尹大統領が何かの工作（北朝鮮との取り引き）をしているとまでは考えていません。

韓国側には、南北分断・朝鮮戦争で、日本がもっとも恵沢を得た、という主張があります。意外なほど主流になっている主張で、文在寅（ムンジェイン）政権の時は特に、「その恵沢を享受し続けるため、日本は南北平和ムードに反対している」「安倍（あべ）はトランプを利用して南北平和を邪魔をしている」などの記事が、かなり目立ちました。しかし、率直に言って、戦後の流れでもっとも得をしたのは、韓国です。北朝鮮が無かったら、韓国こそ今のような「特例措置」を享受することはできなかったでしょう。

朝鮮戦争などを考えると悲しい話ではありますが、現実は現実。韓国は北朝鮮によって日米などからもたらされた恵沢に、いつからか依存するようになりました。北風もその結果です。映画『ショーシャンクの空に』に、こんなセリフがあります。「囚人は、最初は刑務所の塀を憎むけど、やがてそれに慣れて、いつのまにかそれに頼ることになってしまう」。確か、高齢の人が数十年ぶりに出所し、社会に適応できなかったことに対するセリフでした。むしろ塀の中が恋しくなってしまう、と。これまた悲しいことですが、韓国は北朝鮮に対して、同じ『甘え』を持っています。

北風、強いていうなら、『用北』。今までは、基本的に国内で支持率を上げるために使ってきたこの政策を、尹政権は対日政策にも適用し、それで有利なポジションを占めようとしています。文政権の時に特にそうでしたが、韓国はいま国際情勢に出遅れています。というか、中国との関係を考えると、積極的に出ることもできません。

そこで、「中国問題で遅れているが、その分、北朝鮮問題での米国への協力を強調して、米国に対して韓国の重要性をアピールし、朝鮮半島問題を気にしている日本からも譲歩を受け取ることができ、米国も韓国の重要性に気づき、日本に圧迫を強めることになるだろう」というこの路線が、尹政権の外交において大きな流れとなります。

この流れは、様々な韓国政府の動きから見出すことができますが、一つ、分かりやすい実例として、二〇二二年六月二十二日の、韓国大統領室のブリーフィングを紹介したいと思います。当時、日本、韓国、オーストラリア、ニュージーランドがNATO首脳会談に招待され、これはNATOが対中牽制を強化しつつあるからだ、と話題になっていました。同日、大統領室のブリーフィング内容を短くまとめると、「韓国の尹大統領がNATO首脳会談に参席するのは、北朝鮮問題のためであり、中国、ロシアと対立する路線を選んだわけではない」となります。

〈大統領室は、二十九～三十日、スペインマドリードで開かれる北大西洋条約機構（NATO）首脳会議で、韓日首脳会談開催の可能性は低いと判断した。また、NATO首脳会談参加が、中国・ロシアとの対立のためではない線を引いた。北朝鮮核問題に対する韓国政府の立場を詳細に説明し、広範な支持を確保するという立場も明らかにした。それと共に、NATO同盟国と「包括的安全保障ネットワーク」を構築する機会になるとも期待した。

キム・ソンハン大統領室国家安保室長は二十二日、龍山（ヨンサン）大統領室庁舎ブリーフィングで「NATOの30の同盟国は自由民主主義、法治、人権など普遍的価値と規範を共有する韓国の伝統的友好国」とし「自由民主主義に基づく価値連帯を強化するだろう」と述べた……大統領室は、NATO首脳会議の出席が反中・反ロシア基調を表わすものだという見方を否定した……（同日、ニューストマト）〉

ちなみにニューストマトとは、可愛い名前ですが、ケーブルテレビ局も持っている韓国の中堅メディア企業です。

〈……キム室長はこの日のブリーフィングで、韓国首脳の出席の意味を、自由民主主義に基づく価値連帯強化、包括的安保基盤構築、新興安全保障に対する効果的対応模索の三つに分けて説明した。まず「価値連帯強化」と関連し、「NATOを構成する30の同盟国は自由民主主義・法治・人権など普遍的価値と規範を共有する韓国の伝統友好国」とし「今回の首脳会議に出席し、北核・北朝鮮問題と関連して韓国政府の立場を詳細に説明し、出席国の広範な支持を確保できるだろう」と話した……

……韓米日三ヶ国首脳会談と関連し、大統領室関係者は「まだ公式に話し合っているわけではないが、開催の可能性が開いている」と明らかにした。韓米日三ヶ国首脳会談は、前任文在寅政権初期の二〇一七年九月、国連総会をきっかけに開かれた。今回開催されるなら、四年九ヶ月ぶりだ。大統領室関係者は韓米日首脳会談議題に対して「安保協力に焦点を合わせるしかない」とし「北朝鮮核問題、特に最近7回目の北朝鮮核実験の可能性が非常に懸念される状況なので安保協力がメインになるだろう」と説明した。韓日首脳会談の場合、正式会談の可能性は不確実な中、「プル・アサイド」（pull aside・略式会談）の形で対話する可能性があると大統領室関係者は説明した……（同日、聯合ニュース）〉

尹政権の『用北』では日米はもはや動かない

尹政権は、この『用北』が様々な側面で「得」に繋がることを期待しています。まず、北朝鮮問題を強調すればするほど、日本より韓国が有利になると、主導権を握ることができると思っているわけです。尹錫悦大統領が、米韓首脳会談などでいつも「米韓同盟のアップグレード」を叫びながらも、中国関連でははっきりした態度を示さないのも、この『用北』を信じているからです。中国関連であまり前に出なくても、米国との関係も維持できるはず、ですから。

日本関連でも、尹政権はこう考えています。「日米韓協力がないと北朝鮮問題は解決できない。韓国がこの件に積極的に協力するという姿勢を示せば、日本は安保のため、各懸案においての解決を急ぐことになる」、と。

この動きを、ハンギョレ新聞が、一年前に指摘しています。ちょっと意外ですが、一年前に尹氏の「グランドバーゲン」主張から「北朝鮮問題を強調して、日本からの譲歩を勝ち取るつもりのようだが、それがそううまく行くだろうか」、とまで予測した記事は、私が知っている限りだと、この記事だけです。二〇二一年六月二十九日、大して関係もない尹奉吉（ユンボンギル）記念館で大統領候補として出馬宣言を行った尹錫悦氏は、いきなりグランドバーゲンという言葉を持ち出します。その日の記事です。

〈尹錫悦前検事総長が二十九日、尹奉吉記念館で開かれた大統領選挙出馬記者会見で文在寅政府の韓日関係悪化と関連して、「理念偏向的な竹槍歌を歌ったせいでここまできた」

と批判した。「竹槍歌」は、日本政府の一方的な半導体材料の輸出規制（※対韓輸出管理厳格化のこと）に取りかかった二〇一九年七月、曺国（チョグク）元法務部長官が自分のフェイスブックに掲載した歌だ。「政府が政権末期に収拾を試みているけど、うまくいかないようだ」と現在の状況を分析した尹前総長は、「韓日関係では、過去の歴史は過去のことで、私たちの子孫が歴史を正確に記憶するために真相を明確にしなければならない問題があるが、未来は私たちの次の世代のために実用的に協力しなければならない関係だと思う」と語った。また「この政府になって壊れた慰安婦問題、強制徴用問題、韓日間安保協力や経済貿易問題、このような懸案を、全部一つのテーブルに置いて、『グランドバーゲン（※一括交渉）』をする方法で、問題にアプローチしなければならない」と述べた。

尹前総長は具体的には言及しなかったが、日本が執拗に求めてきた安全保障協力の分野で足並みをそろえる対価として、過去史問題などで多少の譲歩を得ようとする構想だと解釈することができる。しかし、日本政府が示し続けてきた冷淡な姿勢を考えると、日本が「グランドバーゲン」構想に好意的な反応を示してくれるとは期待できそうにない状況である。日本は強制動員被害者の賠償問題などの懸案で、韓国が先に納得できる解決案を出

さなければならないという意思を曲げていない……（同日、ハンギョレ新聞）〉

　しかし、それから尹政権が始まっても、日米は尹大統領の用北構想通りには動いてくれませんでした。本書でもこれから一つ一つ取り上げていきますが、米国はまだ尹政権を、いや「韓国」を、信じていませんでした。

　韓国のクアッド（ＱＵＡＤ）参加を米国側から先に断ったのが、その証拠の一つになるでしょう。米韓首脳会談に比べ、日米首脳会談は完全に「上位互換」だったし、北朝鮮がミサイルを発射した時にも、米国の戦略資産は日本までしか展開されませんでした。

　米国は、北朝鮮問題を、中国関連問題の一部分として見ており、北朝鮮だけでなく「インド太平洋」を視野に入れた軍事協力を要求するようになりました。どうしても中国を刺激したくない尹政権としては、これは完全な読み違いで、尹政権は今でも「日本とは、あくまで北朝鮮関連だけでの協力」路線を維持しています。これは、文政権と何の変わりもない対応です。

　日本もまた、各懸案において譲歩する姿勢は示していませんし、そんな理由もありません。そして、二〇二二年六月、ブリンケン長官との会談のあと、何を言われたのか、朴振（パクジン）

外交部長官はGSOMIA（日韓秘密軍事情報包括保護協定）正常化を言い出したものの、日本側からはこれといった反応が無く、結局、何の効果も得られませんでした。文在寅大統領は、南北関係改善（韓国基準）のために日本を『用』しようとしましたが、失敗しました。尹錫悦大統領は、日本との関係改善（韓国基準）のために南北関係を『用』しようとしています。今のところ、成功しているとはとても言えません。

ちなみに、このグランドバーゲンという表現は「一括交渉」という意味ですが、韓国側は何か長引きそうな案件があると、すぐに「一括妥結」を言い出します。最近もそうですが、米朝関係においても、日韓関係においても、韓国がすぐに「首脳会談で一括解決するしかない」と主張をします。まるで、『王』が決めればそれでなんとかなると思っているようです。そういう考えと、今回のグランドバーゲン主張も、何も変わっていません。

それに、この表現は尹氏のオリジナルでもありません。李明博氏が二〇〇九年に使って、あまり話題になりませんでした。あの時も北朝鮮関連で、二〇〇九年九月二十二日のMBNの記事によりますと、

〈米国ニューヨークを訪問中の李明博大統領が「北朝鮮の核、グランドバーゲン」を推進

しなければならないと明らかにしました。北朝鮮が核を放棄するとともに、一括して具体的で実質的な支援をするということです。米国ニューヨークを訪問中の李明博(イミョンバク)大統領が、北朝鮮の核の完全な廃棄と同時に、具体的な支援をする一括妥結原則「グランドバーゲン(Grand Bargain)」を提案しました……〉

と、なっています。「この単語、ぴったりだ！」と思って言ったのかもしれませんが、それから米国及び関連国側から「事前に何も聞いてない」「なんのことだ」という反応しか得られず、それからはあまり耳にすることもありませんでした。

日米と米韓で微妙に異なる同盟関係

さて、尹政権の「北朝鮮問題を利用した、米国との同盟アップグレード、及び日本とのグランドバーゲン一括妥結」、まさにバラ色のこの政策ですが、二〇二二年五月二十一日の米韓首脳会談、および共同声明において、一部の専門家から「いや、何か違う」という指摘が出てきました。

その溝は、「記者会見で尹大統領が言った内容が、共同声明では微妙に違う表現になっている」などの形で表れている、というのです。当時、韓国各紙は、米韓首脳会談を徹底して持ち上げ、褒め称える記事一色でしたが、それから二十三日に日米首脳会談が行われ、その時から「あれ、これ、日米のほうがスゴくない？」という記事が少しずつ増えることになります。

保守系の全国紙を中心に「米韓首脳会談はスゴかった！」とする記事がメインでしたが、日米首脳会談のあとから、「あれ、これは何か違う」とする認識が、やっと出てきたわけです。本書では週刊朝鮮（ネット公開五月二十九日）に、軍事安保関連シンクタンク「パシフィック21」のユ・ミンホ所長が寄稿した内容から、一部を紹介します。

まずユ所長は、「拡大抑止（韓国では拡張抑制と言います）」という言葉を持ち出します。これは、尹大統領が首脳会談でもっとも強調していた、「米韓同盟アップグレード」において、核心とされる単語でした。

拡大抑止（Extended Deterrence）とは、米国が他の国へ軍事的に対応するという意味です。ちなみに、どうして拡大（エクステンデッド）なのかというと、米国本土への攻撃を防ぐための行動が「Direct Deterrence」となるからです。

ですが、この拡大抑止、日米と米韓の両方の共同声明に出てくるものの、「主語（主体）」が違います。米韓共同声明では、関連した文章の主語がバイデン大統領だけですが、日米首脳会談では「日米、両首脳」になっています。

米韓共同声明を日本語に直訳しますと、「バイデン大統領は、核、在来式およびミサイル防御能力を含め、利用可能なすべてのカテゴリーの防御力を使用した、米国の韓国に対する拡大抑止公約を確認した。また、両首脳は、最も早い時期に高位級拡大抑止戦略協議体（ＥＤＳＣＧ）を再稼動することに合意した」となっています。

日米共同声明では、外務省ホームページから引用しますと、「両首脳は、米国の拡大抑止が信頼でき、強靱なものであり続けることを確保することの決定的な重要性を確認した。両首脳は、安全保障協議委員会（ＳＣＣ）や拡大抑止協議を通じたものを含め、拡大抑止に関する日米間の協議を強化することの意義を改めて確認した」となっています。

確かにこの二つには、似て非なるところがあります。主語と、そして、「これから作ることにする（今は機能していない）」韓国のＥＤＳＣＧと、「すでに存在する（やろうとすれば今でもできる）」日本のＳＣＣの差です。

これは、日米と米韓が、決して同等な同盟ではないという意味だと、ユ所長は指摘しています。「共同声明で注目すべきは主語、すなわち主体だ。米韓の場合、両国ではなく、バイデン大統領一人が主体だ。韓国が含まれた両国間の問題ではない、という意味である。極端な見方をすると、拡大抑止を稼働するかどうかの可否は、韓国ではなく米国だけが決める事案だ、という意味だ」「隣国である日本の米日首脳会談の共同声明では、主体が『両首脳』になっている。拡大抑止を断行する主体が、米日であるという点からして違うのだ。また、韓国の場合、今後ＥＤＳＣＧを通じて議論する予定だというが、日本はすでに構築されているＳＣＣでの『再確認』だけ残している」

他にもユ所長は、専門家ならではの鋭い指摘をします。結論の部分、そのまま引用してみましょう。

〈日本は、尖閣のような具体的な紛争地域を米日安保条項に結びつけ、共同声明に明文化している。中国による尖閣の有事の際、米軍の直接的な介入を既定事実化した条項だ。韓米関係では見られない特別な条項である。「北朝鮮が韓国主権地域内にミサイルを発射した場合、韓米安保条約がすぐに適用される」という条項は、歴代韓米共同声明のどこにも書いてない。日本と比べるとさらに差が広がるばかりだが、各論レベルで見た韓米間の安

保構図の現実は、決して楽観する水準のものではない。韓日共に米国と同盟関係ではあるが、決して同等ではないのだ〉

他にも、日米首脳会談での共同声明は、中国関連内容が真っ先に出てくるし、ウイグル自治区問題や香港の民主主義問題についても、ちゃんと指摘がありました。しかし、米韓の共同声明は、台湾関連の内容が最後に出てきただけで、他には中国関連の内容がありませんでした。

また、台湾関連の言及も、文政権のもの（二〇二一年五月）とほほ同じで、これといった表現の変化はありませんでした。ある意味、尹政権の「北朝鮮問題を強調する」という点では、成功したとも言えます。しかし、それは、米国が韓国の重要性を再認識することではなく、米国に「まだ信用できない」と思わせる結果となりました。

米軍が展開する戦略資産の差に気がつき始める韓国

先にも書きましたが、日米首脳会談の後から、米韓首脳会談の内容に疑問を持つようになった韓国側のメディア。政権批判のためか、日米首脳会談の成果に対する不安からか、それとも純粋な愛国心によるものかは分かりませんが、五月二十六日あたりから、「米韓首脳会談の成果として発表された『米韓同盟アップグレード』が、どこかおかしい」という趣旨の記事が目立つようになり、地上波放送など大手も加わることになります。

まず、バイデン大統領が韓国、日本訪問を終えて米国に帰った直後、北朝鮮はまるで何かに怒っているかのように、三発もミサイルを発射し、日韓、そして米側を挑発しました。五月二十五日の朝、バイデン大統領がまだ移動中だった時のことです。その時、米軍が展開した戦略資産は、日本までで、韓国には何もありませんでした。

実は五月二十一日の米韓首脳会談において、「米国の戦略資産を適時に展開する」ことは、尹錫悦大統領にとって重要なファクターでした。米国の戦略資産展開は日本にも韓国にもとても重要なことに決まっていますが、尹大統領ならではの事情がありました。

この章の最初に書いた「失敗した三つの項目」の一つですが、米韓首脳会談の前には、尹大統領は朝鮮半島での戦術核兵器の再配置について何度も話しました。戦術核兵器とは、射程が短い核兵器のことで、以前は朝鮮半島の米軍に配置されていましたが、今は撤収済みです。ですが、今回の首脳会談で、この内容はこれといった発表が無く、共同声明にも入っていませんでした。

その代わりに、多分、韓国側の要請で入ったであろうと予想される内容ならあります。「両首脳は、韓米間の調整を通じての米国の戦略資産の適時展開を再確認した」というものです。

先も主語についての分析をお伝えしましたが、調整と言っても、韓国よりは米国が調整するものでしょう。「米国の」戦略資産だから、当然です。戦術核兵器配置というのは、やる／やらないの、かなり具体的な案件ですが……この「適時展開を再確認」は、曖昧というか、「じゃあ、これまでは展開しないつもりだったのかよ」と言ってしまえばそれだけのような、そんな気もします。

とにかく、尹政権はこの「戦略資産の適時展開」の部分を、結構大きく取り上げ、会談後の記者会見でも、この部分を強調しました。保守与党である「国民の力」支持層としては、重要なことですから。

ですが、その米国の戦略資産が、いざという時に日本では展開されたのに、韓国には来なかったことが分かりました。「首脳会談で話していたのと違う展開だ」「北朝鮮がミサイルを発射した時、米国は日本とは中国・ロシアまで含めた範囲をカバーしたが、韓国とはそうではなかった」など、一部のメディアが五月二十六日あたりからこの件を報じました。
その中には、「米国は、戦略資産を使って韓国に日韓関係改善を圧迫している」など、日本と関係改善しないと戦略資産を展開してやらないと脅しているのだ、と分析するメディアもありました。

〈……北朝鮮がミサイル三発を発射した日（※五月二十五日の朝、バイデン大統領がまだ移動中だった時）、米空軍F-16戦闘機三機と日本航空自衛隊所属のF-15J戦闘機四機が日本海を編隊飛行しました。NHKなど日本メディアは、北朝鮮対応というより、中国とロシアの爆撃機が日本周辺を飛行したことに対する共同措置である点に、重みを置きました。

実際、これらの戦闘機は爆撃のためではなく空対空ミサイルを取り付けており、中国などの軍用機に対する対応訓練だと思われます。北朝鮮ミサイル発射に対する米軍の対応は、韓国軍とは、地対地ミサイル発射訓練をしただけです。

四年ぶりの共同対応ではありますが、韓米首脳会談で言及された米軍戦略武器の朝鮮半島での展開はありませんでした。尹大統領は韓米首脳会談記者会見（五月二十一日）で、「戦闘機とかミサイルを含むそんな多様な戦略資産の適時展開に関しても私たちは議論をしました」と話しました。しかし、米本土から飛んできた米軍特殊偵察機「コブラボール」は日本に降り、日本基地から離陸した戦略爆撃機Ｂ－52Ｈは、日本の東側の海岸にのみ飛行したことが確認されました……（ＭＢＣ、五月二十六日）〉

〈……米国の空母や戦略爆撃機は、日本までしか展開されません。米国が戦略資産を利用し、日韓協力を促す外交を繰り広げているのではないか、という観測が提起されています……レーガン米空母は、北朝鮮弾道ミサイル発射の兆候が捉えられてから三日間、日本と共同練習を行いました。一日早く艦載機離着陸訓練に突入したトリポリ米強襲揚陸艦。その展開海域もまた、日本の南側だけでした。これらの戦力は、今後も、朝鮮半島東側の海に進入する計画は無いことが分かりました。「米国と戦略資産の適時展開に合意した」という政府の説明とは違う歩みです。軍当局は詳細な言及を避けています。

【ムン・ホンシク／国防部副スポークスマン「米側戦略資産とその運用について国防部が

言及することは適切ではなく、また過去にもそんな内容を言及したことはありません」】

戦略資産が朝鮮半島に来るには自衛隊支援が必要です。B-1B爆撃機の場合、日韓防空識別区域境界で両国戦闘機護衛任務が交代されます。「韓日協力がなければ拡大抑止もない（※注）」という点を米国が迂回的に指摘したことになります……（五月三十日、OBS京仁(キョンイン)放送　※韓国首都圏地域のローカル放送局）〉

（※注）の部分はちょっと分かりづらいので、少し追記します。OBSの取材によると、米国側は「日韓の間でちゃんとした防衛協力が無いと、米国の戦略資産は朝鮮半島まで展開することができない」と主張している、とのことです。米国の戦略資産が先に日本に行くことはあっても、韓国から先に行くことはないので、「韓国が日本と防衛協力を強化しないと、米国が日本を経て朝鮮半島まで戦略資産を展開できる手続きができない」、という意味です。

これを、記事は、「米国が、韓国に対し、日本との防衛協力を強化しろと圧迫しているのだ」と解釈しているわけです。圧迫も何も、優先順位というものがあるでしょうし、まだ米国は韓国を信頼していないという意味でもあるのでしょう。韓国からすると「政権交代したからもういい」かもしれませんが、米国からすると前政権も現政権も同じ韓国ですから。

「尹政権のやり方では、北朝鮮問題は解決できない」という韓国左派世論

それからも、同じ主張が続きました。右寄りのメディアは無理して擁護していたものの、米韓同盟は本当に復元されたのか、実はあまり変わってないのではないか。結局、米韓首脳会談で韓国が得たものは何だったのか、という論調の記事が、各メディアから出てくるようになりました。

一時は米韓首脳会談を褒め称える記事が主流だったので、ある程度は雰囲気が反転されたわけです。「何を今さら」というか、当たり前の結果でしょう。なぜなら、これは先も書いた尹政権の『用北』戦略が、自縄自縛になったからです。

米国が北朝鮮問題を軽く扱うとも思えませんが、優先順位は、中国関連です。北朝鮮問題で対処することで米韓、日米韓協力の主導権を握るという発想そのものが、もう古くな

っているわけです。

すでに北朝鮮関連は、中国関連、ウクライナ事態からは「中露」関連、すなわち国家ではなく陣営の問題であり（※韓国憲法では北朝鮮は国家ではないということになっていますが、便宜上、こう書きます）、決してそれぞれ別に考える案件ではなくなったのです。本当は今までもそうでしたが、米中葛藤の激化、およびウクライナ事態により、もっと分かりやすくなった、といったところでしょう。

この観点からだと、どうして韓国をクアッドに入れないのか、それもまた、さらに分かりやすくなるでしょう。安保だけでなく、韓国の全般的な悪い癖である「見たい部分だけ見るので、世の中を立体ではなく『点』で見る」ことが、原因かもしれません。

経済安保について書いている記事を読んでみても、経済と安保を別々に書いて「はい、経済安保」としているものが多いですし。「台湾の有事の際、在韓米軍を牽制するために北朝鮮が動く」可能性だけ考えても、「北朝鮮問題を強調して中国牽制から一歩下がる」のは不可能だと、気づきそうなものですが。

このような米国の動きに失望したから、でしょうか。六月になってから、韓国メディアの一部の記事に、「尹政権のやり方では、北朝鮮問題は解決できない。そもそも、米国は朝鮮半島問題を重要視していない。やはり、中国にアプローチするしかないのではないか」という論調が流れるようになりました。「主流」といえるほどではないにせよ、無視できるほどの勢いでもありません。左寄りのメディアだけでなく、「どちらかというと左」なメディアからも、同じ内容が確認できます。さすがに、右寄りとされるメディアからこんな主張を読んだことはありませんが。

文政権の時は（中国関連だと朴槿恵（パククネ）政権もそうでしたが）、韓国政府は北朝鮮非核化の解決に、二つのアプローチを取りました。北朝鮮を刺激しないこと。言い換えれば、問題がこれ以上大きくならないようにしていました。

もう一つは、中国に頼ること。「なんだかんだで、北朝鮮を非核化できるのは中国しかなく、韓国だけの力では解決できない」という考えがあったのです。韓国政府が北朝鮮関連の騒ぎを大きくしなかったのは、それ自体が「中国が喜ぶこと」でもあったからだと、関連記事は共通して主張しています。

急速に日本との関係修復を図る尹政権

尹政権になってからはスタンスが変わり、「国際社会の圧力で非核化を解決する」「米国のインド太平洋戦略に今までより積極的に共助する」としていますが、国際社会の圧力といっても結局は米国に頼ることなのに、米国は北朝鮮問題を中国問題の「一部」としか見ていないし、結局、有事の際に何かをしてくれる保証もない、というのです。

〈……文在寅政権は、韓米間の協力を、朝鮮半島問題解決に合わせた。その問題解決の中心は北朝鮮だったため、中国との関係も考慮するしかなかった。「戦略的曖昧さ」に代表されるバランス外交は、米中競争に巻き込まれないという判断だけでなく、北朝鮮問題を抱えている韓国政府の限界が複合的に作用した結果でもあった。文在寅政権は、米中の競争に「巻き込まれる」ことで、北朝鮮問題の解決に乗り出せなくなる状況を警戒した。一方、尹錫悦政権は、対外戦略の設定において、北朝鮮との関係改善という政策的考慮をやめたように見える……

……問題は、尹政権が、（※北朝鮮との関係改善は考えず）北朝鮮の脅威への対応を、米国の拡大抑止だけに頼っている点だ。拡大抑止は、北朝鮮の非核化とは違う概念だ。拡大抑止で非核化をするというのは、「北朝鮮自ら悟り、自ら核を諦めるようにする」だけになる。国際社会の共助による圧迫がその手段になるだろうが、北朝鮮・中国・ロシアは密着している状況で、国際社会の圧迫だけで非核化に大きな成果を期待するのは難しい。バイデン政権の外交優先順位において、北朝鮮の重要性が低下している点も、国際共助による非核化の可能性をさらに低くしている……〈六月四日、京郷新聞〉〉

京郷新聞の記事は、間接的に「米国は中国問題を優先する。米国だけ頼っては、北朝鮮問題は解決できない」と主張していますが、他の一部のメディアの記事は、とにかく「中国が怒ったら、責任取れるのか」と書いてあるものも多く、当時、これらの記事を読みながら「文政権の外交が失敗したことを、もう忘れたのか」と、呆れたことを覚えています。

繰り返しになりますが、「これから」尹政権の米韓関係がどうなるのかは、まだ予断できません。しかし、少なくとも政権スタート直後に仕掛けた尹政権の用北路線は、うまくいっているようには見えません。

国内で、このように「やはり中国が必要なのでは」という雰囲気の記事が出てくるようになって、それからわずか十日後。米国のブリンケン長官と会談を終えた朴振外交部長官は、記者会見で急に「日本とのＧＳＯＭＩＡを正常化したい」と言い出します。ＮＡＴＯ首脳会談で、日韓首脳会談は難しいと言われるようになったあと、二十四日のことです。ＮＡＴＯ会談で、日韓関係について何か言われたのでしょう。

ここから、本書は米国と韓国が考える日米韓三ヶ国の軍事協力についての内容になります。ＧＳＯＭＩＡ関連の騒ぎは、韓国側の焦りの極大化という側面も含め、その後で詳しく述べたいと思います。

第七章

クアッド加入とTHAADの追加配備は絶対に無理

クアッドに入りたいが、THAAD（サード）の追加配備はできないジレンマ

文在寅（ムンジェイン）政権で、韓国は戦略的曖昧さという路線を続けました。経済は中国に頼り、安保は米国に頼る、その両方から美味しい汁だけを吸い取ることがもっとも国益になる、というのです。

ただ、それがうまくいくほど世の中が甘いわけでもなく、文政権としては、いつのまにか、このコウモリ外交を続けるには、二つの案件が必要だという世論が作られました。米国に対しては米韓同盟という案件、中国に対してはTHAAD（高高度防衛ミサイル）という案件です。

THAADは、北朝鮮ミサイル対応とされてはいますが、その性能、特にレーダー性能は、中国までカバーできるものでした。朴槿恵（パククネ）政権の時、このTHAADが在韓米軍に配置されましたが、それから中国は韓国側の韓流コンテンツを制限する、いわゆる「限韓令」など、経済的な報復措置を取るようになります。

これに韓国はあっさり降伏し、文政権が中国に3NO（3不）、すなわち「THAADを追加配置しない、米国のミサイル防衛網に入らない、日米韓三国同盟にはならない（日

韓の軍事同盟はない)」と約束しました。

しかし、制限は今でも続いています。中国との関係を考えると、尹錫悦(ユンソンニョル)政権とてTHAADをすぐに追加配置することはできません。実際、大統領候補だった頃には追加配置を公約として掲げていた尹大統領ですが、いつのまにか公約から同内容は削除され、当選後に発表された国際課題にもTHAAD関連はありませんでした。

バイデン大統領との首脳会談でも、既存の(朴槿恵政権の時に配置済みの)THAADを正常運用できるようにするとは言ったものの、追加配置についての言及はありませんでした。

クアッド加入については、米国との関係においてかならず必要だと、韓国民は思っています。先にも、クアッド加入を「アチソンライン」にたとえる見解を紹介しましたが、文在寅政権の頃から、韓国の保守支持層にとってクアッドは「米国に守られる」という象徴的な意味を持つようになりました。

文政権では、米国側から加入要請があったが、文政権がそれを断ったというニュースが流れたりもしましたが、文政権も二〇二〇年頃からは、クアッド加入について肯定的なスタンスを示し、本書第一部にも書きましたが、米韓首脳会談でも話題になりました。

クアッドへの加入とＴＨＡＡＤの追加配置なしは、決して共存できません。クアッドはそもそも中国牽制のためのものなのに、ＴＨＡＡＤ関連で韓国側が示してきたスタンスでは、加入できるはずがありません。

今、尹政権はクアッドにも加入し、ＴＨＡＡＤ追加配置もしない、という路線を走っています。用北による米韓関係のグレードアップ、日本とのグランドバーゲン（一括妥結）などで、尹政権は、この二つを同時に達成できると信じているのでしょう。しかし、果たしてそうでしょうか。

せめて外部パートナーとしてクアッドに参加したい韓国

尹大統領は、大統領選挙前からクアッド加入を掲げました。まずクアッドのワーキンググループ（安保というより、気候問題やワクチン問題など各案件での研究・協力）で協力し、それからクアッドに正式に加入する、というものでした。ですが、六月十七日から、尹政権がクアッド加入を諦めたようだ、という記事が流れました。専門家から、「今の尹政権は、クアッドとの協力はするけど、加入は考えていない」との分析が出たのです。これをＫＢＳ、聯合ニュース、中央日報（六月十七日）など大手が一斉に報じました。
クアッド関連だと、あとでうやむやにされたものの大統領の公約でしたし、三月の大統領選挙が終わってからは、すぐにでも加入するような勢いでした。四月にも、まだ外交部長官（外相）候補だった朴振（パクジン）議員が、クアッドの重要性を強調したりしました。ですが、それから米韓首脳会談前に日米から「なんのこと？」というような反応しか出ず、首脳会談でも話が無かったので、久しぶりの続報となります。尹政権が期待していたものとは違いますが。

クアッドに関する尹政権のスタンス変化に気づいたのは、米国の大手シンクタンク、戦略国際問題研究所（ＣＳＩＳ）のビクター・チャ副所長です。ビクター氏は同シンクタンクが主催した「日韓・米韓関係討論会」で、「尹政権がクアッドについて話す内容に、若干の変化があった」としながら、次のように話しました。ここからは引用してみます。

〈……「韓国はこれまでクアッド加盟国の地位を得るため、とても集中しており、日本を含め、一部の加盟国が反対しているとされる問題を乗り越える方向に注力してきた」「しかし、今は一歩退いて、どのようにクアッドと協力するかを話していて、ワーキンググループを含めての一部になりたがっている」とし「そのような側面で提案できる部分が多い」と話した。

ビクター・チャ副所長は「過去5年間、米国と日本、オーストラリア、インドなど域内地域同盟は強化されたが、残念ながら、そのような側面で、韓国は深く根付くことができなかった」とし「域内及び国際安全保障に対する視点に転換が生じたのは、重要だ」と指摘した〉

さぁ……ビクター・チャさんはかなり優しく言ってくれていますが、実はこのワーキンググループ参加の件、三月にも同じ話がありました。

元ソースはVOA（ボイス・オブ・アメリカ）ですが、三月二十日のニュース1の報道によると、米国務省スポークスマンが「クアッドは、外部パートナーとの協力手続きを用意していない（To date, the Quad has not developed procedures for cooperation with outside partners）」と話しました。もちろん、「これから米韓の友情は続きます」などマニュアル的なことも話してはいますが、加入国拡大ではなくわざわざ『外部パートナーとの協力』と言ったのがポイントです。

これは、クアッドのワーキンググループに、クアッド以外の国を入れることは難しいという意味になります。また、三月二十五日のＶＯＡ（韓国語版）によると、日本外務省も同じ趣旨の話をしました。外部パートナーとの協力は考えていない、というのです。

〈日本の外務省は、尹錫悦大統領当選者のクアッド公約について、クアッド四ヶ国がまだ加盟国を拡大する議論をしたことがないと明らかにしました。先に、米国務省も外部パートナーとの協力手続きがないと明らかにしました。日本外務省は尹錫悦大統領当選者がクアッド正式加入を推進すると公約したことに関連して、「日本、米国、オーストラリア、インドの間に、これまで参加する国家の数を増やすことに関する具体的な議論はありませんでした」と明らかにしました。日本の外務省スポークスマンは二十四日、ユン当選者のクアッド関連公約に対するＶＯＡのコメント要求にこのように答えました。先に米国務省の広報担当者も十八日、ＶＯＡにユン当選者のクアッド公約と関連して「今までクアッドは外部パートナーとの協力手続きは用意していない」と話しました……〉

これからどうなるのかまでは分かりませんが、少なくとも今のところ、クアッドの外部パートナーとして協力するといっても、不可能か、できるとしてもかなり表面的なことにとどまるのではないでしょうか。

過去にも起きていた韓国のクアッド参加拒否

余談ですが、実は、この展開、二〇二二年の文政権での米韓首脳会談前にもありました。

第一部に書いた、二〇二一年文在寅・バイデン大統領の米韓首脳会談の直前、二〇二一年五月十八日、カート・キャンベル調整官は「クアッド加入国を拡大する予定はない」と発言しました。

ちょうどこの頃、韓国では、五月二十一日の首脳会談で、米韓首脳が韓国のクアッド加入を議題にする、というニュースが目立っていました。また、米韓首脳会談当日である二十一日にも、当時の茂木敏充外相が「クアッド体制を広げる予定はない」と発表しました。そして、結果、首脳会談でも韓国のクアッド加入については、何の発表もありませんでした。

当時、韓国側はかなり動揺し、同年五月二十三日聯合ニュースは、このように報じています。

〈……（※クアッド加入拡大はないという各発言について）米日当局者が共にクアッド拡大計画がないという立場を明らかにしたことになるが、その内心は異なるものだろう、という見方が出ている。キャンベル調整官の発言は、中国との関係を意識した韓国が、クアッド参加を敬遠する雰囲気を勘案し、一定部分、韓国の負担を減らしてくれたのではないか、という話である。

短期的にクアッド自体の拡張ではなく、クアッドの小グループで推進する懸案に韓国を入れることにより、長期的に韓国をはじめとしたクアッド拡大の道を念頭に置いたものである、というのだ。これによって、韓国はクアッド加入には距離を置きながらも、事案別に協力が可能になる。韓国は、まずクアッドと、直接加入せずにワクチン、気候変動などのワーキンググループへの参加を慎重に検討するという話も出ているが、同じ脈絡だ。

一方、日本の場合、韓国を牽制する意図が隠れているという解釈がある。韓国がクアッドに参加すると、日本の発言権と影響力が減るという心配から、韓国を排除しようとする意図が反映されたというのだ。クアッドは、安倍晋三元総理の一次政権期、二〇〇六年、スマトラ地震のときに力を集めた四ヶ国間の戦略対話を提唱したのが始まりだと知られており、日本は、クアッドを作ったのは日本だと強調するほど自負心が強い……〉

簡単に言うと、日本は意地悪しているだけで、米国は韓国に配慮した、してくださった、というのです。それから二〇二二年になって、尹錫悦大統領とバイデン大統領の首脳会談でも、全く同じパターンが起きたのです。

尹氏が候補だった頃からクアッド加入を議論すると、日米から相次いで加入はダメだ、ワーキンググループ参加も今は困るというメッセージが出て、米韓首脳会談でも相応の発表はありませんでした。そして、メディアは「配慮」を言い出しました。

当時、一部の韓国メディアは、韓国が中国を意識していることには触れずに、「米国は、中国を意識している。韓国がクアッドに入れなかったのも、米国が中国を意識したからだ」、と報じました。そして今度は、韓国が米国に配慮した、というのです。

「追加加入に反対する根本的な理由は、中国を意識しているからだ、というのが支配的な分析だ。（※尹大統領ではなく）バイデン大統領が、もっと間接的な戦略を強調していたからだ（五月二十二日、MNB）」などです。

尹政権になってから、「メディアが書く記事の雰囲気」だけだと、文政権から大いに変わったように見えます。特に、米韓関係とか、日米韓協力とか、韓国が「自由で開かれたインド太平洋」戦略に積極的に参加するとか、そんな内容で溢れかえっています。

しかし、本当にそんなに変わったのでしょうか。実際はまだ何も変わっていません。そう、政権が変わっても、国は変わっていません。韓国が日米からの信頼を取り戻すには、長い時間と、もっと具体的な実績が必要になるでしょう。

これから変わる可能性まで否定するつもりはありません。むしろ、私は、今こうして書いている自分の予想が外れることを望んでいます。しかし、最近の「もう韓国は変わった」とする記事を読んでいると、違和感しかありません。

尹錫悦政権は任期中にクアッド加入を成功させられるのか

韓国のことわざに「自分の癖を犬にやれるものか（身についた癖を直す、捨てるのは難しいという意味）」というものがありますが……文さん、どうやら日本（福島処理水など）に対してやっていたことを、米国に対しても行っていたようです。

市民団体がＴＨＡＡＤ配置に反対する理由の一つに、「ＴＨＡＡＤレーダーから電磁波が出て周辺が大変なことになる」というものがあります。電波塔などの設置にもいつも付きまとう主張で、韓国では意外と受けがいい主張だったりします。

ですが、六月十日のＴＶ朝鮮の報道によると、文政権が四年間この電磁波データを測定していたものの、その結果は「有害とされる基準値の２万分の１」でした。

こうなれば、いつもの癖で、やることは一つ、「隠せ」です。結局四年間、このデータは公開されませんでした。

余談ですが、韓国政府は「処理水は問題ない」とする趣旨の資料を次々と消しました。

〈高高度ミサイル防衛システムＴＨＡＡＤ基地周辺で、有害な電磁波が出て、住民たちの健康を害する。これがTHAAD反対の重要な理由の一つでした。ところが、文在寅政権が四年間測定したソンジュ地域THAAD基地周辺の電磁波測定資料を当社が入手してみたところ、有害基準値の2万分の1に過ぎないことが確認されました。事実上、影響がないとしても問題ない数値です。ところが、文政権はこの事実を公開せず、事態を放置してきました……THAADのレーダーとそれぞれ違う距離にある四ヶ所で測定したデータですが、四ヶ所とも平均値が政府が定めた人体有害基準値の2万分の1でした。二〇一九年七月に測定された最大値も114分の1でした。電磁波の危険などで、住民たちが基地への資材搬入を防ぐ間、文在寅政権の国防部はこのような測定値を公開しませんでした。このため、韓米将兵たちがコンテナで宿式を解決する状況が続き、マーク・エスパー元米国防長官が「これが同盟に対する態度か」と抗議したこともあります……（同日、TV朝鮮）〉

さて、どうでしょうか。引用部分にはありませんが、THAAD配置が決まったあと、レーダーの電磁波で、住民たちが「揚げられる（揚げ物のようにされてしまう）」という話が広がり、共に民主党議員たちが同調したりした、とのことですが……それはピカチュウでも無理でしょう。グレートマジンガーのサンダーブレークでも放つのでしょうか、あのレーダーは。

表向きには、環境評価がどうとかの理由で正常運用はおろか配置そのものを『仮』状態にしてきた文政権。尹錫悦政権は「早ければ今月中にも環境評価を始める」としていますが、さて、なんだかんだで、任期五年、しかも最後の一年はほぼ影響力無しで過ごすのが一般的。どこまでできるのでしょうか。

そして、六月十日から開催されたシャングリラ会合（アジア保障会議）で韓中国防部長官会談がありました。日本とはせず、中国と会談する韓国を見て米国がどう思ったのか、気になるところですが、それはともかくとして。

六月十日の中央日報によると、会談の後、イ・ジョンソプ国防部長官は「ＴＨＡＡＤに関しては、あとで話す」とするだけで、韓国の国防部は会談のＴＨＡＡＤ関連内容は公開しなかった、とのことです。

〈……葛藤事案である在韓米軍ＴＨＡＡＤ正常化問題などに対する会談内容は、公開しなかった。これに対して国防部は「相互関心事案に対する意見を交換した」とだけ話している。イ・ジョンソプ長官も、会談を終えた後、ＴＨＡＡＤと関連した記者たちの質問に『後で説明する機会があるだろう』と話した……（同日、中央日報）〉

でも、それから各メディアの記事を読んでみても、「中国側はＴＨＡＡＤ（既存）正常化について、理解できる範囲内で懸念を示した」と話したという内容しかありません。あとで追加発表があるかもしれませんが、七十五分（予定は四十分）の会談で何を話したのでしょうか。尹政権には、大したことをしなくても「うわ、前の政権よりずっとマシだな」と言われるメリットがあります。韓国のＴＨＡＡＤ事情、もはや追加配置（これでも選挙の時は公約でしたが）の話は全く出てこず、既存のＴＨＡＡＤ基地だけでもうまくできれば、それはそれで歓迎したいことではあります。

でも、これはすでに朴槿恵政権で正常化されて当然だった事案。追加配置、または米国ミサイル防衛システムへの編入（韓国はまだ米国ミサイル防衛網に入っていません）の話も出てくるはずですが……その時、尹政権はどんな返事をするのでしょうか。それとも、その時にはもう五年が過ぎているのでしょうか。

さて、日米韓協力に関する話は、用北から始まって、米韓軍事協力拡大と韓国側のスタンスについて、そしてクアッド関連になりましたが、次は、このテーマの最後として、GSOMIAに関連した話となります。

第八章　日米韓軍事協力という幻想

「日本は悪、韓国は善」という二分論で、もっとも得をしてきた韓国

日米韓協力という言葉、重要な意味を持つ言葉だとは思いますが、最近は、あまり重みが感じられなくなりました。文在寅（ムンジェイン）政権で韓国だけがあまりにも非協力的だったこともありますが、それより、日韓両側の専門家たちが、「日本と韓国が仲良くしないといけない理由」として、この言葉をあまりにも軽く使いすぎているからです。

米国が日米韓協力を大事に思っているのは事実ですが、何をどこまで望んでいるのかは、意外と推測の域から脱していません。

ただ、公開的に話していることが、少なくとも三つあります。一つは、日本とドイツの防衛力強化に公開的に賛成し、「過去」にとらわれてはならないと周辺国にアドバイスしていること。一つは、日韓相互防衛を視野に入れてあること。最後の一つは、先の『用北』の副作用とも言えますが、韓国、尹錫悦（ユンソンニョル）政権のクアッド加入、いわば「自由で開かれたインド太平洋戦略への、真の仲間入り」をまだ許してはいないことです。

この三つにおいて、米韓は、表面的には仲良くやっているように見えますが、実は全くそうではありません。クアッドの件は別にまとめるとして、日本の防衛力増強と日韓相互

防衛（軍事協力強化）において、韓国はどんなスタンスでしょうか。そのスタンスとは、大統領の力で、「変えようと思えば変えられる」ものでしょうか。もし変えられないものなら、米韓の認識が一致することはないでしょう。五年（尹大統領の任期）などあっという間ですから。

まず日本の防衛力増強に賛成していることですが、六月十七日、韓国各紙が、あるニュースを一斉に報道しました。国家安全保障会議（ＮＳＣ）のインド太平洋調整官カート・キャンベル氏が、日本とドイツの防衛力増強を「完全に信頼している」と話したからです。調整官は、「過ぎた記憶のせいで、現在のヨーロッパがドイツを憂えたりはしない。日本についても同じだ」とも発言した、というのです。

どの記事にも、それがどういう意味なのかまでは書かれていませんでしたが、それがどういう意味なのかを、「韓国基準で『普通』の対日観を持つ韓国人」なら、誰もが気づいていました。尹政権の外交が、早くも詰んでしまった、ということを。

キャンベル氏が話したドイツとヨーロッパの関係を、「日本と周辺国」に変えてみます。日本のもっとも近い国、韓国は、今現在、日本の防衛力増強のことを、「世界にとって懸念される問題だ、そうでないとならない、そうでないと困る」と思っています。

よって、韓国側の記事はただキャンベル調整官の発言を黙々と伝えるだけでしたが、その文面からは、かなり複雑な心境が見え隠れしていました。いや、記事を読む私の心の状態に問題があっただけかもしれませんが、韓国側の各ポータルサイトの関連コメント欄は、「こんなことがあっていいのか」という雰囲気が漂っていました。

しかも、韓国は歴史に関わる懸案において、「日本はドイツを見習え」「ドイツと日本は違う」といつも主張しています。なのに、米国側が公式に「防衛力増強は望まれている、ドイツも日本も同じだ」と話したわけですから。韓国語表現だと、『ヨムジャンされる（塩漬けにされる、傷口に塩を塗られる）』ものだったわけです。同日の記事を二つ引用してみます。

〈日本の防衛力増強の動きについて、米国政府が公開的に支持を表明した。カート・キャンベル、ホワイトハウス国家安全保障会議（NSC）インド・太平洋調整官は十六日（現地時間）、ウクライナ事態などをきっかけに、日本が安全保障政策を転換していることと関連し、「米国は、日本が全般的に、より積極的な役割を果たすために下したそのような決定を、完全に信頼する」と述べた。キャンベル調整官はこの日、ワシントンDCで開かれた新米安全保障センター（CNAS）カンファレンスで日本とドイツの防衛力増強に対する見解を求められ、「ドイツは非常に責任ある国であり、前の記憶のためヨーロッパが懸念しているとは思わない。日本も同じだ」としながら、このように明らかにした……（六月十七日、ノーカットニュース）〉

〈……岸田文雄首相は日米首脳会談にて、防衛力を大幅に増強するという計画をジョー・バイデン大統領に提示した。これをめぐって、日本内外からは、日本憲法の専守防衛原則と衝突するという議論が提起されている。しかし、キャンベル調整官は、「日本はアジアとインド・太平洋の平和と安定のために深く献身してきた」としながら、「彼らは慎重に国防と安保問題に徐々に関わっている。私たちは、日本がただ国防だけ強化するのではなく、気候変動や東南アジア問題など、あらゆる分野でより強力な役割を拡大していくことを見ている」と話した……（同日、ソウル経済）〉

　これからまたいろんな記事を引用していきますが、この反応が、韓国が思っている「日米韓協力」がどんなものなのか、ハッキリ示してくれています。

記事では日本内外としており、「国内」だとそんな主張もあると知っていますが、「国外」ってどこの国のことでしょうか。そうないと思いますが、北朝鮮を国とするなら、中国、ロシア、韓国、北朝鮮だけでしょう。

そう、韓国としては、「韓国は日本を憂えている」というより、「日本は、周りから懸念される存在でなければならない」という世界観の中を生きています。韓国としては、「日本は悪、韓国は善」という二分論的な世界観で、もっとも得ができます。一九六五年の日韓基本条約での膨大な経済協力金は言うまでもなく、各懸案において日本の譲歩を勝ち取るにおいて、今までその世界観のゴリ押しは大いに役に立ちました。

日本が、もういいよとその世界観を拒否するようになったのは、二期目の安倍(あべ)総理時代からです。だから韓国は今でも視野が狭く、中国、朝鮮、日本しか知らなかった時代の世界観から抜け出せないでいます。韓国が望んでいるのは、米国もその世界観に同調することです。その世界に、キャンベル氏が話した『現在』など、存在しません。

アメリカは「日米韓」だけでなく、「日韓」の間での軍事協力を促している

以前から、韓国は、このような「米国が日本の防衛力増強を容認する」動きを、強く警戒してきました。つい最近の、まだ尹大統領が就任する前のものですが、中道とされる韓国日報（四月二十七日）にも、こんな記事がありました。

〈……日本の普通国家化は、私たちにとっては悪夢だ。しかし、米国は気にしない可能性が大きい。すでに三回も米国は韓国を切り捨てるような決定をしたことがある（※長いので略しますが、一九〇五年、桂・タフト協定、一九四三年、ヤルタ会談、一九五〇年、アチソンラインの範囲設定のことです）……今も、私たちは入れないでいるクアッド（QUAD）が、第2のアチソンラインになるのではないかとの懸念がある。米第7艦隊航空母艦が最近、日本海上で自衛隊駆逐艦と四年半ぶりに連合訓練を行ったのも、すっきりしない。次は私たちの国で日米軍事共助がなされる可能性も排除できないのだ……〉

アチソンラインとは、ご存じ、米国の防衛ライン設定で、当時の李承晩（イスンマン）大統領と米国の

外交・安保政策のズレにより、韓国がこのラインから外れたことが、朝鮮戦争（一九五〇年）が始まった一因だと言われています。

そして、日米首脳会談のあとから、同じ内容の記事が急に増えました。つい最近にも、中央日報（六月十七日）が、ウクライナ侵攻が日本の防衛力増強のきっかけになったとして、ロシアが戦犯国である日本にだけ得をさせてしまった、これは大きな問題だ、とする趣旨の記事を載せたりもしました。読んでみて、「いや、問題視するの、そこかよ」と思ったりしました。

責められるべきは、ロシアがウクライナを侵攻し、戦争とも呼べないほどの殺戮を繰り返していることでしょう。少なくとも自由民主主義陣営が求めているのは、日本の役割拡大であると、またもや韓国と世界の『ズレ』が明らかになったわけです。

しかし、米国は、あくまで『現在』を要求しています。日本側ではあまり話題になりませんでしたが、五月、米国はあくまで将来の話としながらも、日韓相互防衛に言及したことがあります。この件、個人的に、韓国だけでなく、日本としても頭が痛い話ではないか、と思ってはおりますが……当時の韓国側の慌てっぷりは、尋常ではありませんでした。

五月二十七日の京郷新聞によると、米国国防総省は、日米韓だけでなく、日韓の、さらには日韓の相互防衛オプションについて、もっと話を進めていく、と話しました。米国国防省が、「日米韓」だけでなく、「日韓」の間での軍事協力増進についてここまで公言したのも、また異例です。まだ具体的な話が出ているわけでもないですし、安保という側面でどれだけ影響するのかも分かりません。でも、個人的に、「米国がどれだけ本気かは知らないけど、今の韓国では絶対に無理」としか思えませんでした。まずは記事を引用してみます。

〈米国国防総省は二十六日（現地時間）、北朝鮮の弾道ミサイル挑発と関連し、韓米日の三国軍事協力だけでなく、韓国と日本の軍事協力増進を希望するという意を明らかにした。ジョン・カービー米国防総省スポークスマンはこの日の定例ブリーフィングで、最近、北朝鮮が大陸間弾道ミサイルを含めて三発の弾道ミサイルを発射したことに対する対応措置に関する質問に……「ロイド・オースティン国防長官は、韓米日間の協力増進に常に関心を傾けてきた」とし、「私たちはまた、韓日両国の間に相互防衛のためのオプションを探索してみるよう、勧告している」と話した。彼は引き続き「二十四日、北朝鮮の弾道ミサイル発射に対応して日本航空自衛隊だけでなく韓国軍とも訓練をした」とし「それは三国

間軍事訓練だった」と話した……〉

この「日本の防衛力増強」と「日韓相互防衛（軍事協力強化）」において、韓国が米国と足並みを揃えることは絶対にありません。

いくつか理由がありますが、まず第一に、尹政権が公開的に「日本が『正しい』歴史認識を持たないかぎり、日韓はおろか日米韓でも軍事訓練しない」と宣言しています。次に、一九九七年に決めた韓国政府の公式立場、「例え有事の際でも、日本自衛隊は朝鮮半島に入れない」があります。三つ目に、日本を不信する韓国の世論。最後に四つ目、レーダー照射問題など、まだ何も解決されていない懸案の存在です。

日米韓協力は絶対無理な理由その1
尹錫悦政権が「日本との軍事訓練はしない」と言っているから

まず「無理その1」、尹政権自ら公言済みの件から整理してみます。実際、この米国国防総省のブリーフィング、ちょっとした『オチ』がありました。米国防総省はブリーフィングのあと、「（ブリーフィングにあった「三国間で訓練した」というのは、米国が日本と訓練をして、韓国とは別の訓練をしたという意味だ」と説明しました。日米と米韓でそれぞれ別の軍事訓練を行っただけで、日米韓の共同訓練ではなかった、という意味です。

　さて、わざわざこう修正しないといけない理由はなんでしょうか。それは、韓国政府が困るからです。なぜ困るのか。尹大統領がまだ当選人だった時から、「日本との軍事訓練はしない」と公言しているからです。ここで「なに？　日本と軍事訓練したのか？」と国民に誤解されると、大統領だろうとなんだろうとひとたまりもありません。米国も、それを知っています。

　三月あたりから、「日米韓軍事訓練」の話がありました。三月十五日、まだ文在寅政権だった頃、米国側は韓国に対し、日米韓の三国による共同軍事訓練の定例化を提案しました。でも、同日の聯合ニュースによると、この件は「国民の世論を考えると」などの理由で、うやむやにされました。この時点では、韓国国防部は否定していましたが、のちに既成事実のような案件となりました。日本関連ではほとんど何の話も出てこないのを見ると、どう考えても、韓国側が拒否したことになるでしょう。

　記事は、「米国が今回の国防部長官会談で、日米韓三ヶ国の連合訓練の重要性などを強く提起すると、韓国としては、会談の議題にするしかないだろうと観測されている」「軍の内外では、我が国の国民情緒などを考慮すると、すぐに米国の要求を受け入れることは困難との見通しが優勢である」としています。

それから、大統領選挙が終わって、三月末頃から、この話は本当で、文政権が拒否した、という後続報道が流れました。すでに選挙が終わり、大統領職引受委員会（政権交代のための準備機構）が活動を始めていたので、記者たちの質問は文大統領ではなく、引受委員会側に向けられました。委員会はブリーフィングの際、「新政権は、日本を加えた軍事訓練の話に乗るのか？」という趣旨の質問がありました。すると、引受委員会のスポークスマンであるキム・ウンヘ氏は、「まだ日米韓で軍事訓練をするわけにはいかない」という趣旨で答えました。新政権でも、それはない、ということです。

記事からキム スポークスマンの発言だけまとめてみますと、「韓米日共同軍事訓練は、韓米日安保協力とは次元が異なる問題」「共同軍事訓練なら、安保協力ではなく軍事訓練段階に入るものだ」「新政権では、韓米日間に実質的かつ効果的に安保協力を成し遂げられる方法を検討することになると思う」「韓日関係改善の大前提は、正しい歴史認識だ」「それが改善されないかぎり、日韓関係の安定的、未来志向的な持続は成し遂げられない」

などです。

ここでもっとも注目すべきは、日本が正しい歴史認識だということです。日本が正しい、というか「韓国基準の、韓国にとって正しい」というくだらない歴史認識を持たないかぎり、日本との関係改善はなく、関係改善がないかぎり、軍事訓練などを一緒にするわけにはいかないというのです。

三月、尹大統領（当選人）が日本大使館の相星孝一大使と会い、日韓関係改善が～という話をした直後、日本の教科書検定関連で、韓国では大きな騒ぎがありました。引受委員会は（相星大使と会ったばかりの尹当選人の立場を気にしてか）「この件において、引受委員会がスタンスを表明するのは適切ではない」と話し、かなり批判されていました。

そして、三月三十日あたりから、引受委員会側も「日本は正しい認識を持つべきだ。それが関係改善の前提である」と、言葉を変えました。その直後、三十一日のことです。これが、「真の意味での日米韓協力は、絶対無理」である一つ目の理由です。

日米韓協力は絶対無理な理由その2
「例え有事の際でも、日本自衛隊は朝鮮半島に入れない」から

韓国は、有事の際でも、日本自衛隊の朝鮮半島進入を許可していません（韓国政府の同意・許可が必要だとしています）。在韓邦人の救出などに関して、日本政府が困っている理由でもあります。

六月あたりから、日米韓、そして日韓軍事協力に関する記事が大幅に増えました。そのほとんどは、日韓軍事協力は、日本の歴史認識もあって、うまくいかないでいるという趣旨のものでした。日本側でも日米韓軍事、安保協力について論じた記事は、韓国ほどではないにせよ、結構ありましたが、それらの中に、「韓国政府は、自衛隊の朝鮮半島周辺海域・空域進入そのものを公式に拒んでいる」という事実が全く書かれていませんでした。個人的に、当時、日韓両方のニュースをチェックしながら、この部分に強い違和感を覚えました。

一九九七年、「日米防衛協力のための指針」が改定されました。結構大きな変更だった、と言われています。

韓国側の当時の記事を見てみると、「有事の際、日米はほぼ連合軍とも言える状態になる」「日本だけでなく、周辺国の有事を防ぐという内容がある」など、韓国側はものすごく緊張していました。最近、防衛力増強や常任理事国関連で韓国マスコミが騒いでいることと、雰囲気的に似ています。

この時、韓国政府は、「日本自衛隊が米軍の後方支援をするのはいいが、韓国政府の同意無しでは、朝鮮半島領海・領空での活動は認められない」ということをメインとする公式立場を決め、日米両国に伝えました（一九九七年六月十日の京郷新聞、八月二十日のハンギョレ新聞など）。

二〇一四年にも同じことがありました。当時、日本が朝鮮半島の作戦区域で自衛権を発動するのではないかという問題提起があり、韓国政府が公式に立場を通達しました。二〇一四年七月九日、聯合ニュースからの引用です。

〈政府は、有事の際、韓米連合司令官が設定する韓米連合作戦区域内であっても、私たちの要請がなければ、日本が集団自衛権を行使することを容認しないという立場を立てた…………「KTO（Korea Theater of Operation）内で日本の集団的自衛権行使は原則的に容認しないという立場」とし「韓国政府の要請がない限り容認できない」と明らかにした……こうした政府の立場を米国と日本側に通知したという……〉

他にも、尹大統領が候補だった時、自衛隊の朝鮮半島進入も（状況によっては）ありえるものではないか……という趣旨で話し、袋叩きにされたのも記憶に新しいところです。

ちなみに、これらはかなり曖昧な発言だったのに、それでもかなり話題になりました。こんな状態で、本当に何かの協力ができるのでしょうか。北朝鮮に対する米韓協力ならなんとかなるでしょうけど、それ以外はまず無理でしょう。

しかも、繰り返しになりますが、この「有事の際にも自衛隊はダメだ」とする韓国政府の公式立場。これを取り上げる記事が全く無いのが、不思議です。本当に尹政権が、日米韓軍事協力に同調する気があるなら、まずはこの公式立場に関する再検討を始めたはずですが、そんな話もまた、全く聞こえてきません。

余談ですが、北朝鮮ミサイル関連での日米韓共同訓練については、文政権の頃から発表がなくなりました。記事によっては訓練がなくなったとも、米国の要請でやるにはやったけど、北朝鮮を気にして発表しなかったとも書いてあります。ただ、ここでいう軍事訓練というのも、朝鮮半島周辺、いわば「米韓同盟軍の作戦区域」内に自衛隊の進入を許さないというスタンスからは、何も変わっていません。

日米韓協力は絶対無理な理由その3
韓国世論があるから

これはキリがないので、本稿を執筆している時点では最近となる六月あたりのことを紹介したいと思います。

六月十一日の日米韓防衛相会談で、北朝鮮のミサイル関連の訓練を三ヶ国が再開すると合意しました。具体的にいつから始めるのかは分かりませんが、前は普通にやっていたので、準備できるまでそう長くはかからないでしょう。

ですが、この件で、韓国側のメディアは、「また日本が得をした」という記事を出しました。「米国側から、日米韓の共同軍事訓練を要請し、尹政権は（文政権もそうでしたが）反対している」というニュースが何度も報じられていたためか、一部の記事には「韓国は何も得られず、譲歩してしまった」という書き方も見受けられます。

他のメディアの記事によると、今回合意したのは日米韓による北朝鮮ミサイル探知・警報訓練で、具体的な再開時期も未定のままですが（韓国の国防部長官は「具体的に話があった」としていますが、詳しい日程や内容などは分かりません）、京仁（キョンイン）放送OBSは「迎撃訓練に合意した」としながら、「日本の正しい認識が前提条件だとしておいて、日本は何もしなかったのに韓国は応じてしまった」「日本が発表したミサイル情報は間違いが多く、また日本が得をすることになった」という趣旨で記事を載せています。同じく、「南北対立のおかげで、また日本が得をしてしまった」という趣旨です。いや、得も何も……北朝鮮平和ムードを終わりにしたのは、韓国の大統領なんですが。

北朝鮮に対して路線を変えると、米韓同盟のことをもっと優先していくと、尹大統領は候補だった頃からずっと言っていました。また、それで保守支持層から票を得て、大統領になれました。なのに、今さらなんで日本に怒っているのでしょうか。CBS（ノーカットニュース）も、「南北の対立が嬉しい日本、アジアの指導者を夢見るか」という実に分かりやすい題の記事で、同じ趣旨の話を記事にしています。

〈……（※日本の防衛力増強のことをいろいろ書いた後）ロイターは去る八日、このような日本の防衛力強化の動きに対し、米国が長らく待ち望んでいたものだと評価した。慶南大学のキム・ドンヨプ教授はこのメディアのインタビューで、「北朝鮮の行動に対する韓国側対応（※尹政権の対北路線）など、朝鮮半島の緊張が高くなると、日本は笑顔にならずにはいられないだろう」と話した。北朝鮮の核実験準備、韓米合同軍事訓練の再開などは、日本の『普通の国』化を正当なものにする、という説明だ。この媒体は韓日関係改善も、日本には「鬼に金棒」（cherry on top）と見た。日本がより強力な防衛政策で大衆の支持を得ているが、韓国との関係改善はおまけで付いてくるというのだ……（同日、ノーカットニュース）〉

さぁ、どうでしょうか。韓国軍側は、「域内で日本自衛隊と連合軍事訓練をする方案は検討すらしたことがない」しているし、韓国の国防部長官イ・ジョンソプ氏も「韓米日の共助は、原則としては正しい、しかし、韓米間の軍事訓練と、韓米日間の軍事訓練とは、意味が違う。アプローチの仕方もまた、違うものでなければならない」と話しています。尹政権が「日本が、正しい認識を持つことが必要だ」と話したのと同じです。

別に心配しなくても、こんな状況で日本と韓国の軍事協力がうまくいくはずはないでしょう。困るのは、日本でも韓国でもなく、米国でしょうけど。

なにせ、韓国社会には、「日本は南北統一を望んでいない」とする主張が蔓延しています。これがまた、「日本は朝鮮半島に関わるな」という世論を後押ししています。この主張は、韓国ではほぼ定説になっており、大物政治家の公言からネットのコメントまで、幅広く同じ主張を見つけることができます。拙著でも、何度か取り上げた記憶があります。

さっそくですが、以下、サンプルとして、仁済(インジェ)大学統一学ジン・ヒグァン教授の見解（二〇二〇年十一月三十日、釜山(プサン)日報）を紹介します。

〈……日本は、朝鮮半島問題が解決されて、南北関係が改善されることを望んでいない。日本は、北朝鮮の非核化が行われ、朝米関係が改善され、外交関係が成立したり（※南北はお互いを「国家」として認めていないため、外交関係がありません）、平和体制が樹立されることを望まないでいる。朝鮮半島が平和になったら、もはや「サンフランシスコ講和条約」（一九五一年九月）によるシステムから受けていた利益を受けられなくなるからである。このような日本の立場が確認されているだけに、日本を優先するバイデン政権の時代、日米に頼ろうとせず、私たちの統一のための外交がこれまでよりも重要になると思

われる……〉

バリエーションは結構ありますが、趣旨は一つ、南北が平和になると、日本は喜ばない、という内容です。

さらに、日本は大陸進出のため、朝鮮半島を狙っているという話もかなり流行っています。二〇二二年の大統領選挙で僅差(きんさ)で敗れた（尹48・6％、李47・8％）共に民主党の李(イ)在明(ジェミョン)候補が、竹島領有権問題を「日本が韓国との軍事衝突を狙って、わざと仕掛けた装置（トリップワイヤー）」と話したりもしました。

さて、こんな世論があるのに、大統領がキャンベル調整官のように『現在』を認め、日米韓協力を強化することができるのでしょうか。北朝鮮関連なら、保守右派が支持してくれるから、なんとかなるでしょうけど。

日米韓協力は絶対無理な理由その4
まだ何も解決されていない懸案があるから

六月十日から、シンガポールでシャングリラ会合が開かれました。アジア・太平洋地域を中心に各国の安保担当閣僚が集まる場で、公式には「アジア安全保障会議」といいます。岸田総理が基調演説で、日本の防衛力増強についていろいろ話して、世界的にも話題になりました。翌日の十一日、中央日報は日米韓防衛相会談について、このように報じています。

〈……朝日新聞は、シャングリラ会合で韓日両国防衛相の公式会談はなかったとし、「関係改善の視界がはっきり晴れているわけではない」と診断した。岸信夫(きしのぶお)防衛相は、韓日国防長官会談が開かれない理由について、「意思疎通の重要性は認識しているが、具体的な会談に関しては適時に判断する」と十一日、記者らに語った。読売新聞は、岸防衛相がメディアに公開された三国会談の初めに、話しかけてくるロイド・オースティンには笑顔を見せたが、イ・ジョンソプ韓国国防部長官とは目を合わせようともしなかった、と会談場の雰囲気を伝えた。

韓日国防当局間の代表的な葛藤事案としては、韓国海軍駆逐艦と海上自衛隊哨戒機の間に行われた、いわゆる「レーダー照射・威嚇飛行（※本当は威嚇飛行ではありませんでしたが、韓国ではこう呼んでいます）」論議が挙げられる。これは、二〇一八年十二月二十日、広開土大王（クァンゲトデワン）艦が、漂流中の北朝鮮漁船の捜索作業を行っていた時に、近くを飛んだ海上自衛隊Ｐ１哨戒機が、広開土大王艦から火器管制レーダーの照射をされたと日本政府が主張し、触発された葛藤だ。

これに対して韓国国防部は、遭難船舶を探すためにレーダーを稼動していたし、日本哨戒機が早く低空で接近すると、これを識別するために映像撮影用光学カメラをオンにしただけで、海軍が哨戒機に向けてビームを撃ったり危険に追い込むような行為はしなかったと反論した。両側の説明が交錯した中、事件の実体をめぐって韓日間の対立が続いた。これと関連して防衛省幹部は「両国部隊間の信頼関係に関連した重大な問題だ。なかったことにはできない」と言うなど、依然として根に持っていると、朝日は伝えた……〉

韓国側の良からぬ癖です。自分たちが「やった」とされる案件には、「絶対にやってない」、「やったとしても大した問題ではない」とします。でも、「やられた」とされる案件では、「絶対にやられた」「これを抜きにして何も語れない」などと騒ぎます。

この件、あまりにも問題の重さに気づいていないような、そんな雰囲気です。岸防衛相は政策協議代表団との面談でも、この話をしました。尹大統領にも報告されたはずですが、尹政権でこの件を調べているという話はありません。

この件だけでもありません。国家間の約束を守ることとそれ自体についても、韓国は、あまりにも軽く見ています。「こっちが損することは絶対にない」、いや、「あってはいけない」と信じ込んでいるからでしょうか。国家としてやってはならないこと、やるべきこと、そういうのは、単なる損得を超えた案件のはずですが。

以上を見ると、日米韓協力は絶対無理だという結論しか出ません。米国も大変ですね。

次の章からは、韓国外交部長官が急に言い出したGSOMIA正常化の話に繋げてみます。おそらく「大変な」米国側から、「日韓関係、どうしてくれる」とでも言われたのでしょう。

第九章　ＧＳＯＭＩＡで日本にできることは何もない

すでに正常稼働しているGSOMIA（ジーソミア）を韓国が外交カードに使っている

日米韓安保協力が、「うまく行っていない」証拠とも言えるものが、韓国の朴振（パクジン）外交部長官の、いわゆる日韓GSOMIA（日韓秘密軍事情報保護協定）正常化発言です。二〇二二年六月十三日、訪米し、米国国務省のブリンケン長官と会談したあと、記者たちに、急に「韓日関係の改善とともに一刻も早く正常化させたい」と話しました。

各メディア、例えば同日の東亜日報も「北朝鮮の脅威に対応するために日本、さらには米国と共に政策を調整し、情報を共有する必要があるということだ」と報じていますが、GSOMIAといっても、率直に言って、北朝鮮関連以外はないでしょう。

日米韓は、対北朝鮮ミサイル関連の探知・警報訓練などを再開するとしていましたが、実は、それらは二〇一八年頃までは普通にやっていました。本書でもずっと指摘していますが、尹錫悦（ユンソンニョル）政権は「北朝鮮関連で頑張るから、対中露関連では見逃してくれ」というスタンスを取っています。しかし、日米、特に米国側にそれを納得させるため、韓国が何かを「見せる」ことができたかというと、そうでもありません。

この件、ブリンケン長官に日韓協力について、何か思わしくないことを言われて、「韓国は、日米韓安保協力に積極的だ」というアピールがしたかったのでしょう。また、日本に対しては、「北朝鮮関連で協力してやる。だから、他で譲れ」という、本書で言う『用北』とする流れだったのでしょう。韓国側のメディアも、後日、「日本に対するプレゼントのつもりだったかもしれない」と報じています。

そういう観点だと、今の時点で韓国の外交部長官に言えることは、ＧＳＯＭＩＡ正常化ぐらいしかなかったのでしょう。繰り返しになりますが、韓国は、朝鮮半島周辺、米軍も関わることができる範囲内（いわゆる作戦区域など）では、日本との軍事協力はできないというスタンスです。だから、北朝鮮ミサイル関連での、日米韓の非戦闘訓練が精一杯です。他は、どこか別の国で開かれる共同訓練に参加するぐらいでしょう。

そういう理由で、外交部長官がこの件を言い出した（他に言えることがなかった）のは分かりますが、この件、二つの理由で大失敗でした。

まず、日韓ＧＳＯＭＩＡの問題は、二〇一九年、文在寅（ムンジェイン）政権が、日本の対韓輸出管理厳格化を理由に、急に「終了する」と言い出したのが発端でした。もともとは一年単位で自動更新されますが、片方が終了を宣言すると、それ以上は延長されません。

しかし、これは、「日韓で懸案があっても、日米韓の安保関連には影響しないようにする」という、日米韓の間の暗黙のルールを破る、愚かな判断でした。それから文大統領は「終了するのを猶予する。日本の態度を見て、いつでも終了する」という、妙な発表を行います。

それからはこれといって何もなく、毎年、自動延長されています。いわば、終了を猶予という妙な状態ではありますが、別に終了したわけではありません。「終了するする詐欺」モードで、今も日韓GSOMIAは普通に稼働中です。

実際、日本政府は朴振長官の発言について、「GSOMIAは協力を強めるものだし、地域の安保に役立つ」とマニュアル的な返事をしましたが、よく読んでみると、「正常化」には触れませんでした。「GSOMIAはいいものだ」とするだけで、それ以上のことは話していません。翌日（十四日）のソウル経済の記事によると、相星孝一駐韓日本大使は、もっと露骨な発言をしました。「GSOMIAなら正常稼働中なのに、なんの正常化のことでしょうか」というのです。

〈相星孝一駐韓日本大使が、パク・ジン外交部長官の韓日軍事情報保護協定（GSOMIA）正常化発言に、よくわからないという反応を示した。GSOMIAならすでに正常稼働しているのに、正常化するとはどういうことなのか、という意味だ………相星大使は日中韓三国協力関連シンポジウムで記者たちと会い、「正常化と言いますと、何か問題があるのか、どういう意味なのかわからない」と話した。

相星大使は「ＧＳＯＭＩＡならうまく稼働しているという意味か」という追加質問に「私はそう思っていますが」と答えた。すでに稼働中のものを正常化するもなにもない、という意味だと思われる。二〇一九年、文在寅政権は日韓の間の懸案によりＧＳＯＭＩＡを終了するところだったが、条件付きで猶予すると両国が合意し、協定を維持した状態だ……（六月十四日、ソウル経済）〉

「両国」が「条件付き」で合意という引用部分の書き方も、ミスリードです。日本は二〇一九年から何も合意などしていないし、条件付きなら今ごろ終了しているはずです。

当時の関連ニュースを覚えておられる方々も多いでしょうけど、「翌年一月まで様子を見て、日本が（厳格化の解除など）措置を取らないと、そのまま終了する」という話でした。それが、「三月までは」「四月までは」などと話がおかしくなって、ついには一年経ってそのまま自動延長し、「いつでも終了できると言ったから、自動延長は意味がない」という記事が載ったり、もうワケが分からなくなりました。

この件については、二〇二〇年八月四日の聯合ニュースが、

〈……韓国が二〇一九年十一月に「終了通知を猶予する」措置をしたから、過去のように一年延長（※自動延長）の方式はもう利用できず、韓国が望むタイミングでいつでも終了することができるという意味だ。しかし、一部では、日本がこのような韓国の考えを受け入れるのか、分からないとの観測もある〉

と報じるなど、当時の韓国側のメディアも、さすがに「呆れた」というニュアンスで記事を出していました。自動延長されているのに、自動延長に意味がないと言ったところで、日本がそんなこと気にするのか、と。

「GSOMIA正常化」に日本からの誠意を求める尹錫悦大統領

それと、もう一つの敗因は、GSOMIA「終了の猶予」の件は、韓国では「日本の輸出管理厳格化に対する、韓国の対抗策」ということになっています。だから、韓国側からすると、「日本は何も解除していないのに、なんでGSOMIAを正常化するのか」という不満が表出されるわけです。朴長官は、おそらくこの側面を甘く見すぎました。

さっそく取材陣が朴長官に、「尹政権は、日本の輸出管理厳格化を解除しなくてもGSOMIA正常化が可能だと判断するのか」と質問したりしました。「韓国が譲歩したことになるのではないか」、というのです。

大統領だろうがなんだろうが、『反日』には逆らえない韓国です。はてさて、大変です。ここで返事を間違えると、政権そのものが終わりです。韓国国防部（防衛省）・外交部（外務省）は光速のスピードで、この「不満」に迎合するスタンスを示しました。

要するに、迂回的とは言え外交部長官（外相）の発言を「いやいや、それは違います」と否定したわけですが、外交部はともかく、国防部が外交部長官の発言を否定する、異常事態になったわけです。以下、十四日、KBSです。

〈パク・ジン外交部長官が、韓日軍事情報保護協定（ＧＳＯＭＩＡ）をできるだけ早く正常化することを希望すると発言したことに対して、外交部は、北朝鮮問題への対応のため、原則的な立場を表明しただけだと明らかにしました。チェ・ヨンサム外交部スポークスマンは今日（十四日）定例ブリーフィングで、「尹政権は、日本の輸出管理厳格化の解除無しでも、ＧＳＯＭＩＡ正常化が可能だと判断したのか」という取材陣の質疑に、「北朝鮮問題への対応のため、ＧＳＯＭＩＡなど韓米日の安全保障協力が円滑に行われる必要があるという、原則的な立場を表明したものだと理解していただきたい」と述べました……〉

韓国国防部も、「各懸案の進展を見てから、それからＧＳＯＭＩＡ正常化もしていく」と発表しました。これは、「日本が輸出管理厳格化を解除していないのに、なんで正常化するのか」という批判を、そのまま受け入れ、そのまま合わせたものだと言えます。

迎合したのか、最初からそのつもりだったのかはわかりませんが、もしそうなら外交部長官が米国でブリンケン長官との会談後の記者会見で、正常化「だけ」を話したりはしないでしょう。あとになって、慌てて、合わせただけだと思われます。

そもそも、韓国では「会談でGSOMIAについて話した」ということになっていますが、「話した」ではなく、「なにか言われた」ではないか、とも思われます。だから、記者会見で、韓国側（国防部、大統領室など）と事前調整もろくにせずに正常化を言い出してしまった、と。国防部は他にもいろいろ言っていますが、簡単に言うと、「日本『も』誠意を見せろ」ということです。

以下は、同日の聯合ニュース、「国防部『GSOMIA正常化、韓日間の懸案の進展を見て検討』」という分かりやすい題の記事です。

〈国防部が、韓日軍事情報保護協定（GSOMIA）の正常化問題について、韓日懸案の進展を考慮して検討するという立場を明らかにした。外交部も、この問題と関連し、日本など国際社会と疎通努力を続けていくと述べた。国防部は十四日、パクジン外交部長官が前日（現地時刻）ワシントンDCで開かれた韓米外交長官会談後、記者会見で「GSOMIAが早く正常化されることを希望する」と明らかにしたことに関連して、「政府次元で韓日間の懸案問題の進展状況を総合的に考慮しながら検討する予定だ」と説明した……韓日懸案とは、現金化問題と、日本の輸出管理厳格化などを意味する。政府は、日本の輸出管理厳格化で触発された葛藤を対話で解決するため、圧迫するため二〇一九年八月ＧＳＯＭＩＡ終了を日本側に通知したが、米国の激しい圧力などで、終了通知の効力を猶予したことがある……

……このようなＧＳＯＭＩＡの円滑な運用、不完全な地位まで解消するには、あくまでも日本も輸出管理厳格化を解決しなければならないと見られる。事案の包括的解決のためには、日本側も誠意を示さなければならない、という意味だ。外交部のチェ・ヨンサム広報担当者はこの日、定例ブリーフィングで「パク・ジン長官の関連の言葉は、北朝鮮問題に対応するためにＧＳＯＭＩＡなど韓米日安保協力が円滑に行われる必要があるという原則的な立場を表明したものだと理解していただきたい」と話した……〉

韓国側が真っ先に言うべきは、「形式的なものではあったが、『終了猶予』などの措置を取り下げ、二〇一九年時点に復元します」と公開的に発表することでしょう。それを言わないで、日本『も』と言っているようでは、何も解決できません。

韓国は外交カードとしてのGSOMIAを失ってしまった

日本からこれといった反応を引き出すことにも失敗し、韓国内世論から叩かれたこの件。韓国の地上波放送SBSは六月十六日、「尹政権としては、GSOMIA正常化は、日本へのプレゼントのつもりだったかもしれないが、結局、効果はなかった」とし、この件を総括しています。私の読み方に問題があるのかもしれませんが、「賄賂をやろうとして、失敗した」というニュアンスです。

〈……国内では、GSOMIAは何度も問題になりました。李明博政権のとき、キム・テヒョ当時対外戦略企画官が、GSOMIA協定締結を非公開で国務会議で推進しようとして、世論の反発で辞退したこともあります。以後、世論は収まらず、李明博大統領が竹島に上陸するなど、強硬な姿勢に基調を変えるきっかけになった、とまで言われています（※世論をなんとかするため、竹島に上陸するなど反日的な態度を示す必要があった、という意味です）……問題は、パク長官の正常化発言が、果たしてちゃんと計算された外交的な発言なのか、疑問が残る点です。ある外交情報筋は、「最近の韓国の竹島周辺海洋調査、二〇一八年レーダー照射などを、自民党の安倍派が中心になって積極的にイシュー化している」と現地の雰囲気を伝えました。選挙を控えた日本が、パク長官の訪日や日韓会談に負担を感じているとも言われています。私たち側としては、「GSOMIA正常化」を、日韓関係のためのプレゼントだと考えたかもしれません。でも、相手は、それを受け取る準備が全くできていなかったことが、はっきり分かります。国内的にも、韓国が先に協定を正常化することに疑問が提起されています。外交部は、発言の直後には「安保分野で韓米日協調の重要性が高まっている点などを考慮し、三国間の実質・効果的に安保協力がなされる必要がある」と発表しました。しかし、それから日本の反応がパッとしないと、翌日、こんな発表をしました。「韓日GSOMIA問題は、日韓の間の他の事案も考えて、総合的な解決策を模索しなければならない」。ニュアンスが違います。私たちが先に正常化することはない、との意味に見えます。前日に一歩前進し、翌日に二歩後退したとでも言いましょうか。パク長官としては、気まずい立場になりました。どうやら、今回取り出した「GSOMIA」カードは、良いタイミングの、良いカードだったとは言えそうにありません〉

受け取る準備ができてないもなにも、すでに正常稼働中なのに何をどう受け取れ、というのでしょうか。韓国側のメディアは、五月あたりから、朴振外交部長官が六月の早い時期に訪日し、外交部長官（外務相）会談を行うと報じてきました。まず訪米してから、それからすぐに（記事によっては米国から直接）訪日し、ＮＡＴＯ首脳会談での日韓首脳会談をセッティング、議題も調整する、と。

それらの記事の中には、「文在寅政権は日韓首脳会談しようとしなかったけど、今は尹大統領が首脳会談しようとしているので、問題ない」とするニュアンスのものまでありました（文化日報、六月四日、「韓日首脳会談六月末に可視化、尹、文政権が目をそらしてきた首脳会談を復元か」）。

日本側の都合は全く無視し、「韓国側がしようとするから、できるに決まっている」とする傲慢な書き方です。

文大統領が日韓首脳会談にどれだけ力を注いだのか、Ｇ７で当時の菅義偉総理に対し「文大統領が先に歩み寄った」と報じられて、それを何とかするために「略式会談が予定されていたのに、ドタキャンされたのだ」と嘘をついたこと、東京オリンピック開会式直前のことを、もう忘れたのでしょうか。

でも、結局訪日の日程は決まらず、訪米して、そこで何を言われたのか、ブリンケン長官との会談の直後、パク長官は急にGSOMIA正常化を言い出しました。それからの展開は、本ブログでも何度も取り上げましたが、日本からは何の反応もなし、国内では世論が反発、結局、国防部も外交部もそろいもそろって「私たちが先に解除することはない」と発表しました。すでに正常稼働中なのに何のことだ？　という疑問だけ残して、それで終わりです。

もうしばらく、GSOMIA関連は言い出せないでしょう。自分で自分のカードを1枚捨ててしまった、とでも言いましょうか。「終了猶予措置を取り下げる」と適切なタイミングで言い出せば、そこそこ象徴的な効果はあったかもしれませんが。

どのみち、他の章でも述べたとおり、それからNATO首脳会談で日韓首脳会談はなく、軽く挨拶しただけです。しかも、「(尹大統領に)尽力して頂きたい」とする岸田総理の発言を、韓国大統領室は「(日韓共に)努力しよう」と発表したりしました。

これで、『用北』についての話を始めた時に書いた「二〇二二年夏の時点で、尹政権の米韓関係について話すには、少なくとも六つの項目が必要です」の六項目のうち、四つの項目についての内容が終わりました。

北朝鮮問題だけを強調しようとしているものの、インド太平洋戦略や日本との協力面で詰んでいる「米韓同盟のアップグレード」、米韓首脳会談で何の話も出ず、ついに加入は諦めたようだとまで言われている「韓国のクアッド加入」、同じく米韓首脳会談で何も無かった「戦術核兵器の朝鮮半島再配置」、尹大統領が自分で取り下げた「THAADの追加配置」です。こうして書くと、壮大に失敗している、としか思えません。

残りの二つが「米韓常設通貨スワップ」と「経済安保」です。これから、この二つの側面の現状を分析し、そろそろ終わりへ向かいたいと思います。

第十章　喉から手が出るほど欲しい通貨スワップの再開

ウォン安をよそに、円の暴落ばかりを気にする韓国メディア

二〇二二年三月～四月あたりから、韓国側からは、「円がついに安物になった」という記事が目立つようになりました。どこの国も通貨安、物価高で苦しんでいる昨今ですし、それは韓国も例外ではありません。

夏になった今、振り返ってみると、物価上昇率でも株価下落率においても、様々な側面で、日本より韓国のほうが大きなダメージを受けています。しかし、三月～四月あたりには、まだ韓国ではウォン（韓国通貨）安についての記事が目立たず、円安について、「日本の円はもう安全資産でもなんでもない、ただの安物だ。国力を表すものだ」という感情的な記事を乱発していたわけです。

円安についての見方はともかく、「ウォン安を心配したほうがいいのではないだろうか」としか思えない時点で書かれた記事だったので、当時、私もそれらを読むたびに、「本当に、日本関連だと、思考が完全に歪んでしまうようだな」としか思えませんでした。

しかし、主流ではなかったにせよ、韓国側の記事に客観的な分析が全くなかったわけではありません。韓国は貿易赤字が命取りになるけど、日本は所得収支（一次所得収支）が

大きいので貿易赤字をカバーできる、日本は韓国ほど外貨流出を心配しなくて済む、危機感を持つべきは韓国であり、今回の米韓首脳会談で米韓通貨スワップを議題にしなければならない、そんな内容でした。

ちなみに所得収支とは、「国外で発生し、日本が受け取った所得から、国内で発生し、日本が外国へ支払った所得の差額」のことですが、日本はこの所得収支で桁違いの利益を出しています。二〇二二年四月だけでも2兆3706億円の黒字でした。言い換えれば、世界中にすごい資産を持っている、という意味です。

一つ引用すると、四月十五日にペン アンド マイクに掲載された、韓国金融ICT融合学会長オ・ジョングン氏の寄稿文もそういう類のものです。日韓のもっとも大きな差は、韓国はウォン安による外国資金の離脱を気にせざるをえないけど、日本はそうでもなく、もちろん「急激な」通貨価値の変化には気をつけるべきだけど、結果的には円安による肯定的効果が大きいという分析もある、という内容です。

ちょうど四月十四日、韓国銀行が基準金利を1・5％にしました。三ヶ月ぶりにまた0・25ポイント引き上げたことになります。あとで詳述しますが、韓国は家計負債という「時限爆弾」を抱えている国です。その利子負担を考えると、金利を上げるのは大冒険です。

しかも、今回の引き上げは、韓国銀行総裁が不在（空席）でした。普通なら、こんな状態では金利の調整はしません。次の総裁候補者は聴聞会もまだやっていませんでした。寄稿文は、「これは、金利引き上げが緊急だったという意味だ」と分析しながら、こう書いています。

〈……金利を引き上げなければならない重要な変数が、外国人投資資金の離脱だ。二月中旬までだけでも、ドル当たり1190ウォン台を維持してきた為替レートが、1230ウォン台まで上昇（※韓国側の表現では、「ウォン安」が「為替レート上昇」になります）し、為替レートによる差損を懸念した外国人投資家の離脱が続いている。株式市場では三月中に4兆5千億ウォンが純流出され、四月中にも十四日までに3兆3千億ウォン純流出されている（※データがちょっと古いので最近のデータを少し引用しますと、ちょうど本稿を書いている六月二十九日、ブルームバーグのデータで、韓国「KOSPI」の一年トータルリコールはマイナス26・24％、日本「NIKKEI」の一年トータルリターンマイナス5・30％で、韓国株式市場の下落率が他国より目立っており、これは外国人投資家による売りが主な理由だとされています）……

……債券市場でも純流出が起きており、このような状態で米国が金利をさらに引き上げれば、ドルに対するウォンの為替レートが上がり（※ウォン安になり）、外国人投資資金の離脱が加速化する恐れがある。韓国は成長鈍化を受け入れてでも、金利を上げるしかなかったのだ。

日本銀行は、米国連邦の金利引き上げにもかかわらず、金利を上げていない。これは、日本は資本流出を懸念していないという意味だ。日本円はグローバル決済比重で3％、大きな水準ではないが、ハードカレンシーであるうえ、日本銀行は米国連邦と常時無制限の通貨スワップを締結しており、資本流出に対する懸念がない。ただ、景気と物価だけで金利政策を運用することができる。この点が、韓国と違う。日本は二月の消費者物価上昇率は前年同期比0・9％、一月の失業率は2・8％水準だ。日本銀行の黒田総裁も、円安が日本経済に肯定的な効果をもたらすと期待している、と発言したことがある……〉

四月末頃になって、一部のメディア及び専門家が、集中的に問題を提起するようになります。ソウル経済、文化日報、イーデイリーなどが、相次いで通貨スワップが必要だとする記事を出しました。それでもまだ「円はもう紙くず」と言わんばかりの記事が多かったものの、多少は雰囲気が変わってきたわけです。米韓首脳会談で米韓通貨スワップを議題にすべきだ、日本との通貨スワップも再び進めなければならない、などの内容です。

通貨スワップ再開を目指す韓国が抱える「時限爆弾」

その中でも特に興味深かったのが、二〇二二年四月三十日、朝鮮日報系列の週刊紙『週刊朝鮮』の記事です。記事は、「大統領は、日本との関係改善のために『決心』しないといけない」としています（詳しくは書いてありませんが）。

しかも、その日本との関係というのが、他の記事とは違い、通貨スワップに関するものでした。露骨には書いてませんが、各懸案において日本に譲歩してでも、通貨スワップだけは成し遂げろ、というのです。

〈……率直に、経済的観点から見ると、日本が日韓関係改善を急ぐ理由はない。人的交流もなく政治的にも冷たいままだが、経済的に見ると日本に有利だ。貿易収支だけではなく、所得収支（一次所得）を見てみよう。外国に対し、株式や投資で稼ぐお金のことだ。日本は毎年、全世界1、2位の所得収支黒字大国だ。二〇二一年だけで約2000億ドルを株式や投資で稼いだ。韓国の所得収支は日本の10分の1の水準に過ぎない。

昨年、日本の貿易赤字は約500億ドル程度だ。貿易収支が赤字でも、2000億ドルの所得収支があるから何とかなる国が、日本だ。円の通貨安と関連して不安な目で見る人も多いが、外国から稼いでくる2000億ドルの所得収支を考慮すれば、大して心配する理由はない。通貨安が問題ではなく、『急な』通貨安が問題なだけだ……

……日本は、近いうちに、韓国が通貨スワップを取り上げるだろうと見ている。米国の金利が引き続き上昇し、世界のドルが米国に引き込まれていく。韓国は最も影響を受ける国の一つだ。流動性縮小に乗り出す米国が、韓米通貨スワップに応じるはずはない。結論は、韓日通貨スワップだ。韓日通貨スワップ700億ドルは二〇一二年十月に終了した。

釜山（プサン）日本領事館前の慰安婦像が原因となった。

苦痛を伴う認識だろうが、戦後最悪の韓日関係にもかかわらず、貿易・金融分野での日本側の被害はそう無い。韓日問題の最終結論は、大統領の決断と犠牲に集約される。代表団を1000人、1000万人送るより、大統領の決断と犠牲がより重要だ。戦後最悪の状況が長くなるほど、韓国が不利になる〉

金利を上げればいいじゃないか、という話も聞きますが……私がまだ韓国にいた時から、国内外から「時限爆弾」と言われていた、韓国の家計負債問題。当時800兆ウォンを超えて大きな話題になり、1000兆を超えたという記事も結構目立ちましたが、いまは1800兆ウォンだそうです。

実はこれ、韓国経済を支えている存在でもあります。日本はバブル後に「政府」が負債を背負う形で対策を取り、韓国は「家計負債」で対応しました。いわゆる一九九七年のIMF事態（国家破綻の危機）の後、金大中（キムデジュン）大統領の時（一九九八年）から、「借りて、不動産投資する」「とにかくカード作る」の二つは、本当にすごい勢いでした。その借金のおかげで、経済が立ち直りました。家計負債世界1位という「ツケ」を残したまま。

当時を知っている韓国人なら、小学生が「ぼくはクレカを○枚も持ってるんだぞ」と自慢する姿を目にしたことがあるでしょう。皮肉なことですが、韓国で現金無し決済が爆速で普及できた背景でもあります。大勢の人がクレカのキャッシング機能を使いすぎて、あとで「カード大乱」という事態となり、今でも似たような副作用が続いています。韓国で、人と会話しながら「カドゥビッ（カードキャッシングによる負債）」関連の話を耳にしなかった人は、そういないでしょう。

ＩＭＦのあとに始まった「借りて投資すればなんとかなる」という考えは、不動産、コイン（ビットコインなど）と、その姿形を変えながら、世代を乗り越えながら、今も続いています。青年層が、不動産価格の上昇を信じて無理して購入する、いわゆる「ヨンクル」などが、今の代表格と言えるでしょう。

尹錫悦大統領は文在寅大統領と同じ間違いを犯している

そんな中、ハンギョレ新聞など複数のメディアの記事によると、韓国はＧＤＰよりも家計負債のほうが多い（104・3%）国になりました。

国際金融協会（IIF）が五月に発表した「グローバル負債モニタリング」報告書を見ると、二〇二二年一～三月基準で、韓国は国内総生産（GDP）に対する家計負債比率は104・3%。IMFが集計する世界36ヶ国（EUは一つの国とします）の中でもっとも高く、家計負債がGDPより大きい国も、韓国だけです。

さて、ここで金利を上げると、大変なことになります。でも、金利を上げないわけにもいきません。六月時点で、韓国の物価上昇率は5%台。十年四ヶ月ぶりの最大の上昇率で、小麦粉が26%、塩が30%、韓国では国民食とされるフライドチキンすらも10%値上がりし、尹錫悦（ユンソンニョル）大統領がNATO首脳会談参席のために留守の間、電気料金などの公共料金も奇襲的に値上がりしました。

住宅担保貸出の金利は、早くも7%を超えると言われています。韓国の家計負債において、住宅を担保にできるのはかなり『有利な』人たちです。そうでない人たちは、どんな金利を払っているのか。

また、記事にもよりますが、「このままだと、給料の7割以上を返済に使わないとならなくなる」などの話も出ています。金利を上げるしかないのに、この問題をどうするのか。

金利上げを最低限にして、金融市場を安定させるにはどうすればいいのか。やはり、通貨スワップしかない、それ以外の結論が出ないわけです。

しかし、頼りにしていた米韓首脳会談（二〇二二年）で、通貨スワップ関連の話はなく、「安定するように協力する」などの曖昧な話だけでした。

キム・デジョン世宗大学経営学教授は、「米国にも事情があっただろうけど、通貨スワップを議題にしなかったのは、ちゃんと準備しなかった政権の失敗でしかない」と指摘しています。そして、いつものことですが、米国だけでなく、日本との通貨スワップも必要だ、との話ももちろん出ています。どうすればできるのかという話は無く、とにかくしないとならない、と。

〈……韓国銀行が基準金利を引き上げる以外に、これといった手がない状況だ。しかし、家計負債が１９００兆ウォンに達している今の状況で、金利上昇は返済負担を増加させる。また、株式や不動産など資産価格の下落と、消費心理の萎縮につながる可能性がある。対外環境が相次いで悪化する中、韓国のような小規模・開放経済は、さらに揺れやすい。

尹錫悦大統領とチュ・ギョンホ企画財政部長官の言葉通り、私たちは複合的なリスクの中にある。まさに非常時である……銀行金利が上がると、無住宅ジョンセ（※保証金を預けて家を借りる制度）世帯の利子負担が23％増加し、住宅担保ローン金利が年7％になれば、月給の70％を返済に使うことになるという分析もある……（六月十七日、京郷新聞）〉

〈……韓国（※記事の時点で年1・75％）と米国（※記事の時点で年1・50～1・75％）の基準金利はほぼ同じになった。逆転も時間の問題だろう……一部では、金利引き上げスピード調整論（※デカップリングの一環として、金利を合わせるのはゆっくりでいいとする主張）も出ているが、韓米間の通貨スワップ締結の必要性が提起される。安全装置が必要だという見方だ。600億ドル規模の韓米通貨スワップは、昨年末に終了した状態だ。二〇〇八年、300億ドル規模の米韓通貨スワップは、金融危機を鎮静させるのに大きな役割を果たした。当時、韓国銀行は通貨スワップを基に、外貨ローンを施行して企業にドルを供給することができた。

キム・デジョン世宗大経営学部教授は、「先月の韓米首脳会談の時、通貨スワップを議論にしないといけなかった」とし、「米国としては、韓国だけ特別待遇できない状況もあっただろうけど、韓国の新しい政権が、準備ができていなかったので失敗した」と指摘した。キム教授はさらに、韓日通貨スワップも再締結しなければならないという見方だ。

彼は「二〇〇八年、韓国は韓米通貨スワップだけでなく700億ドル規模の韓日通貨スワップも締結していた」とし「日本のドル保有額は1兆3000億ドルを超える。それだけに、二重安全装置で韓日通貨スワップを推進しなければならない」と力説した。彼は「ウォン・ドル為替レートが1300ウォンを超えれば、それは危険な状態だと見ることができる」とし「政府の積極的な通貨スワップ締結意志が必要だ」と付け加えた……（同日、ニューデイリー）〉

米韓首脳会談の前までは、「米韓通貨スワップを議題に」という主張が結構出ていましたけど、実際に首脳会談で出てきたのは「安定のために頑張ろう」ぐらいの曖昧な内容だけでした。それでも韓国側のメディアの記事は、「通貨スワップに準ずる内容だ」「米韓『常設』スワップについての議論を始めるという意味だ」など、この件について何の問題提起もありませんでした。極めて一部の経済関連メディアが、「でも、通貨スワップについての内容がない」と、疑問を書いただけです。

個人的に、二〇二一年に文在寅（ムンジェイン）大統領が訪米した時の、いわゆる「ワクチン外交」の時と似ているとも思いました。あの時も、訪米直前まで「すでに1000万人分のワクチンを用意すると話がついている」など、様々な記事が出ましたが、結果は遠く及ばないものでした。それでも、その点について指摘するメディアはほとんどなく、「特例がもらえた」と、褒める記事さえありました。それでも当時の与党側は「大統領が米韓首脳会談で史上最大の実績を出したのに、なんでもっと報じないのか」とマスコミに不満でしたが。

クアッド参加に失敗したのも二〇二一年そっくりだし、なんというか、こういうのが『根』は変わらない、というものでしょうか。クアッド同様、この通貨スワップの件もまた、米国が韓国を信用していない、もう特別扱いする理由もない、そう思っている一つの表れではないのか。私はそう見ています。

第十一章　中国依存で危機的な韓国経済安保

中国に依存を続ける韓国

端的に、韓国は中国抜きに「経済安保」ができるのか。個人的に、現状ではできないと思っています。韓国では未だ「経済」と「安保」をそれぞれ別のものとして考える人が多く、例えば米韓首脳会談で「安保」について半導体やバッテリー関連の話が出てくると、「それは経済なのに、なんで安保云々の話するのか」と反感を示す人もいます。

これは中国に経済を依存し、米国に安保を依存するという、いわゆる「戦略的曖昧さ（どちら側なのかはっきりせず、両方から得をする）」に慣れているからです。

しかし、すでに世界のサプライ・チェーンは再編されつつあるし、特に半導体やバッテリーのように、韓国が世界市場でシェアを取っている分野においては、もはや経済と安保は一つになっています。

この点、韓国は中国への依存が深すぎて、経済安保が語れる状態ではありません。「大きい」や「広い」ではなく「深い」と書いたのは、単に「売る、買う」を語るレベルを超えているからです。中国と韓国は、「分業」が固着しています。

韓国は経済安保の話が出ると、とりあえず半導体とバッテリーの話をしますが、調べてみると、サムスンなども含めて韓国半導体企業は、中国の工場である程度作ってから韓国に送って（これも韓国からすると「輸入」にカウントされます）、そこに相応の工程を加えて完成させるシステムになっています。半導体生産においても、サムスン電子、SKハイニックスなど韓国企業は、ほとんどを中国の工場でウェハ加工段階まで生産し、それから韓国に輸入してその後の工程（ウェハ切断、包装）を行っています。これは、材料輸入だけでなく完成品輸出の面においても中国市場への依存度が高いという意味です。

関連データがいろんな形で手に入りますが、もっとも分かりやすく書いてあるのは、二〇二二年一月十二日の京郷新聞の記事です。記事によると、韓国の中国からの半導体関連輸入は、金額基準で半導体関連輸入全体の39・5％におよびます。バッテリー分野では、なんと99・3％。これは、そもそも中国で完成させる工程になっており、完成品を韓国が輸入してくるからです。もし何かの理由で、中国がこれらの輸送を遮断すると、韓国の半導体・バッテリー生産プロセスは致命的なダメージを受けるわけです。

週刊韓国（韓国日報の週刊紙、ネット公開二〇二二年五月三十日）の記事からもう少しデータを引用しますと、韓国の半導体輸入額（二〇二〇年）570億3000万ドルのうち、中国が177億9139万ドル（31・2％）、台湾（20・4％）、日本（13・6％）の順でした。半導体輸出額も、954億6000万ドルのうち、中国が412億ドルで43・2%、続いて香港(18・3%)、ベトナム(9・6%)の順でした。特に、香港の場合は中国と合算してもいいと思われます。

他の分野も含め、韓国が中国に完全に依存しているもの、韓国側の報告書やメディアは「核心輸入品目」と言いますが、これはどれぐらいあるのでしょうか。どこからどこまでを核心とするか、データ集計方式をどうするのかで異なるとは思いますし、代替が効くのか、無形のもの(技術とか)をどうするか、などなどによって見方も変わるとは思います。

ですが、二〇二二年五月時点、日本でいうと日経連にあたる韓国の「全国経済人連合会(全経連(チョンギョンリョン))」が公式に出したレポートなら、ある程度は現状を垣間見ることもできるでしょう。

中国依存が深すぎて「経済安保」を正面から語ることができない

レポートは、韓国が、日本から、米国から、そして中国から輸入する「核心品目」はそれぞれ、どれぐらいあるのかを分析したものです。ネットメディア、ヘッドラインニュース（二〇二二年五月三十日）の記事がうまくまとめているので、引用してみます。米韓首脳会談の十日後、本当に良いタイミングで良いところを指摘する記事だと言えるでしょう。先に結論から書きますと、日本産32品目（14・0％）、米国産32品目（10・5％）、そして中国産172品目（75・5％）でした。

〈ウクライナ事態の長期化と中国上海封鎖（※記事当時、新型コロナにより封鎖状態でした）などにより、グローバル・サプライチェーンの混乱が激化している。この中、韓国にとって重点的に管理が必要な輸入品目の多くが中国産であり、こうした中国偏重現象を解決する案の用意が緊急だとの研究結果が出た。

三十日、全国経済人連合会が出した「韓国経済産業の核心物質の現状および示唆点」報告書によると、ここでいう「管理が必要な核心輸入品目」とは、「輸入依存度が90％以上」で、「輸入競争力において絶対的に不利な品目」のうち、「輸入金額規模が最上位30％に相当する」、228品目である。全228品目のうち、中国産品目が172品目で75・5％の比重を占め、日本産品目は32品目で14・0％の割合を見せ、米国産品目は24品目と10・

5％の割合を示した。

相手国に対するグローバル・サプライチェーンの安全性が脆弱であると判断される133品目も別途提示されたが、その133品目は中国産品目がほとんど、95・4％で、日本産品目と米国産品目はそれぞれ2・3％水準だった。これらの結果は、昨年の尿素水事態で経験したように、核心輸入品目が中国に集中し過ぎで、韓国全体のサプライチェーンが脆弱になった現実を表してくれる……〉

もちろん韓国が中国に依存しているというのもありますが、供給安全性に問題があるとされる133品目の中で、中国は95・4％で、日米の比率は2・3％。韓国にとって、これこそ「チャイナリスク」であるはずですが……不思議なほど話題にならない、誰もこの問題を指摘しない現実のほうが、もっとリスキーに思えます。

この記事も、大手にも紹介するところがあるにはありましたが、うまくまとめてあるのはネットメディアのほうでした。指摘しないというより、指摘してはならない何かの理由でもあるのでしょうか。

同レポートが分類した日米中それぞれからの核心輸入品目のうち、「中国産」は、電気製品、機械・コンピュータ、鉄鋼、有・無機化合物、ガラス、医療用品、非鉄金属など産業用原材料、マンガン（鋼鉄製造に必要）、黒鉛（電気自動車バッテリーに必要）、マグネシウム（自動車軽量化に必要）などなど、です。品目が多いこともあって、記事は「韓国産業の全ての分野に影響を及ぼすと見ていい」としています。

日本産の品目は、電気製品、機械・コンピュータ、石油・石炭、プラスチック、電気製品有機化合物などで、ポリイミドフィルム、半導体ウェハを加工する機械または噴射器。米国産の品目は、石油・石炭、航空機、電気製品、果物、機械・コンピュータなどで、日本と重複する部分もありますが、エネルギー産業への影響がより大きいことが特徴です。

この状態で、半導体やバッテリーなどにおいて、本当に韓国は「自由民主主義陣営においての、経済安保」たるサプライ・チェーンを築くことができるのでしょうか。確かに、中国抜きで完全にそれができる国があるとは思えません。ただ、韓国の場合、それが深すぎます。広いや大きいなら直せるかもしれませんが、深いとなると、そう簡単には直せないでしょう。

日本はすでに半導体関連のパートナーとして台湾を選びました。世界的な半導体メーカ

—TSMCの工場が日本に建てられることが、その代表格でもありましょう。この枠組の中に入る準備をすべき時に、韓国は文在寅(ムンジェイン)政権という大きな停滞に見舞われました。他のことは後回しにして、北朝鮮と仲良くすることだけ話していました。日本も、米国も、誰も、仲良くするなとは言いませんでした。

ただ、「今、それどころじゃないだろう」と、文政権に呆れました。尹政権は、この致命的な遅れに気づいているのかいないのか、今のところ、他は後回しにして、北朝鮮と仲悪くすることだけ話しています。仲悪くするなとは誰も言っていません。ただ、他にやることがあるだろうと、呆れている雰囲気です。

おわりに

いろいろ書いているうちに、早くも終わりまでたどり着けました。ここまで読んでくださった読者の方に、深く、お礼を申し上げます。尹錫悦（ユンソンニョル）政権としては、「ぼくたちの戦いはこれからだ」なところですが、どことなく、二部の来ない一部完結の物語に見えなくもありません。

ＮＡＴＯ首脳会談からの帰国便の中で、尹大統領が、記者たちにいろいろ話しました。わざわざ機内で記者たちに話した内容は、大まかに三つ。いろいろ成果があったとする自慢話、中国と対立するつもりはないという話、そして、岸田文雄（きしだふみお）総理の過去発言への拒否です。

尹大統領は、ＮＡＴＯ首脳会談参席を「特定国家を排除するためのものではない」と話しました。この特定国家を排除するという表現は、文在寅（ムンジェイン）がよく使っていたものです。文政権政権は、二〇二一年あたりまでは、クアッドに加入しないとしていましたが、その際も「特定国家を排除するものであってはならない」としていました。この部分は、七月二日ＫＢＳから引用です。

〈……尹錫悦大統領が三泊五日間のＮＡＴＯ首脳会談の日程を終えて帰国しながら、機内で懇談会を行いました。韓米日首脳会談を今回の外交訪問でもっとも意味のあることに挙げながらも、中国の反発には、特定国家を牽制するためのものではないと、繰り返し強調しました。

今回のＮＡＴＯ会議の出席が中国牽制のためだという解釈には、尹大統領は「普遍的な規範によることが重要であり、そうではない何らかの行為があった場合、私たちは一緒に行くということであり、特定の国について言及する必要はありません」とし、線を引きました。民主主義、法治など普遍的価値を共有した同盟に参加しただけで、中国を牽制する外交ではないという原則論を再び強調したのです……〉

日本関連では、「過去の歴史に関する問題で進展がないと、両国間の懸案と未来の問題についても議論することができないという、そのような思考方式は、控えなければならない」「過去の問題も未来の問題もすべてを一つのテーブルに乗せて一緒に解かなければならない問題だと私は強調してきた」「韓日両国が未来のために協力ができれば、過去の歴史のことも十分に解放されるという、そんな信念を持っている」と話しました。各発言は、同日の国民日報の記事より引用しました。

六月十一日、岸田総理は「一九六五年の国交正常化から構築してきた日韓関係を発展させていく必要がある。そのために、旧朝鮮半島出身労働者問題をはじめとする韓日間の懸案を解決することが急務」と話しました。目新しい内容ではなく、ずいぶん前から日本側の一貫した主張となりますが、当時、韓国メディアは速報として結構大きく報道しました。尹大統領は、この発言を、正面から拒否したのです。

その前日、中国側は、同じくNATO首脳会談に参席した岸田総理と尹大統領に対し、「韓国はパートナー、日本は心から過去の歴史を反省すべし」という妙な発表を行いました。趙立堅（ジャオリーゼン）中国外交部スポークスマンは一日の定例ブリーフィングで、日本に対して「日本は、言葉では『力による一方的な現状変更に反対』と言っているが、実質的には、自ら防衛力増強のための名分を探している」「真に東アジアの平和と安定を望むなら、自分たちの行ったことを心から反省し、厳重な教訓にしなければならない。日本は中国と東アジア各国の人民の反対にぶつかって目的を成し遂げられないだろう」と強調しました。

一方、韓国については、「中国と韓国は共にアジアの重要な国家であり、互いに重要な協力のパートナーとして広範な共同利益を持っている」「中韓双方は努力で両国の戦略的協力同伴者関係が、時代に合わせて前進するようにし、アジアの平和と安定、発展のために一緒に努力しなければならない」とし、ずいぶんと違う反応を見せました（七月一日、中央日報）。

「鎖の強度は、もっとも弱い環の強度と同じだ」と言われています。力を入れてチェーンを引っ張ると、他のチェーンのリング（環）がどれだけ強くても、その中でもっとも弱い環が壊れると、それだけでチェーンは切れてしまいます。チェーンを切るために、すべての環を狙う必要はありません。もっとも弱い環一つだけを集中的に攻略すれば、チェーンを切ることができます。

日本の場合、いわゆる「中国包囲網」とされるチェーンにおいて、大きくて強い環です。中国もそれを知っています。日本は中国の味方にならないと、必要以上に対立したところで、得より損が大きいと分かっています。

しかし、韓国は違います。中国が、尹政権を「ああ、文政権とは違うな」と思っているなら、今回、もっと強く言ったはずです。まだまだ「弱い環」と見ているからこそ、ここまで反応が違うのでしょう。

ちょうどその翌日、尹大統領も「特定国家が〜」と答えたことで、中国も満足していることでしょう。「ああ、扱い方を変える必要はなさそうだな」、と。

いろいろ書きましたが、尹大統領って無能なのかというと、私は別にそうは思っていません。ただ、今の尹政権の前にある無数の懸案、特に日韓関係においては、大統領個人の能力ではどうにもならないことが多すぎます。

反日思想を『善なるもの』と認識している世論を、どう相手するのか。例えば、客観的な資料をもとに「佐渡金山は強制労働の現場ではありませんでした」「福島第一原発の処理水は科学的に安全です」などと言うことができるのでしょうか。

残念ながら、私は「できない。もし言うことができたとしても、何の効果もない」と思っています。

日本がやるべきことは一つ。今のスタンスを貫くことです。

そもそも、「関係改善」と言うけれど、本当に今の日韓関係は、十〜二十年年前より悪化しているのかというと、私はそうは思えません。国家間の関係というのは、少なくとも条約や約束だけはちゃんと守れるようになってこそ、それから良し・悪しを語ることもできるのでしょう。

日本が今のスタンスを貫くことを、心から願い、そして応援しています。大統領が誰だろうと、首相が誰だろうと、これは韓国と日本という国家間の問題ですから。

二〇二二年　夏

シンシアリー

シンシアリー (SincereLEE)

1970年代、韓国生まれ、韓国育ちの生粋の韓国人。歯科医院を休業し、2017年春より日本へ移住。母から日韓併合時代に学んだ日本語を教えられ、子供のころから日本の雑誌やアニメで日本語に親しんできた。また、日本の地上波放送のテレビを録画したビデオなどから日本の姿を知り、日本の雑誌や書籍からも、韓国で敵視している日本はどこにも存在しないことを知る。アメリカの行政学者アレイン・アイルランドが1926年に発表した「The New Korea」に書かれた、韓国が声高に叫ぶ「人類史上最悪の植民地支配」とはおよそかけ離れた日韓併合の真実を世に知らしめるために始めた、韓国の反日思想への皮肉を綴った日記「シンシアリーのブログ」は1日10万PVを超え、日本人に愛読されている。初めての著書『韓国人による恥韓論』、第2弾『韓国人による沈韓論』、第3弾『韓国人が暴く黒韓史』、第4弾『韓国人による震韓論』、第5弾『韓国人による嘘韓論』、第6弾『韓国人による北韓論』、第7弾『韓国人による末韓論』、第8弾『韓国人による罪韓論』、第9弾『朝鮮半島統一後に日本に起こること』、第10弾『「徴用工」の悪心』、第11弾『文在寅政権の末路』、第12弾『反日異常事態』、第13弾『恥韓の根源』、第14弾『文在寅政権最後の暴走』、第15弾『卑日』、『なぜ日本の「ご飯」は美味しいのか』『人を楽にしてくれる国・日本』『なぜ韓国人は借りたお金を返さないのか』『日本語の行間』『「自由な国」日本「不自由な国」韓国』(扶桑社新書)など、著書は70万部超のベストセラーとなる。

扶桑社新書 441

尹錫悦大統領の仮面

発行日 2022年9月1日　初版第1刷発行

著　　者………シンシアリー
発 行 者………秋尾 弘史
発 行 所………株式会社 扶桑社
〒105-8070
東京都港区芝浦1-1-1 浜松町ビルディング
電話 03-6368-8870(編集)
03-6368-8891(郵便室)
www.fusosha.co.jp

DTP制作………株式会社 Office SASAI
印刷・製本………中央精版印刷 株式会社

Printed in Japan　ISBN 978-4-594-09266-5